오늘도 반짝반짝
키즈 스타일링

A to Z

1판 1쇄 인쇄 2015년 7월 9일
1판 1쇄 발행 2015년 7월 15일

지은이 윤혜영
펴낸이 정원정, 김자영
편집 홍현숙
디자인 김민정
사진 최승락
작품 제작 윤혜영, 최예서

펴낸곳 즐거운상상
주소 서울시 종로구 누하동 158-3
전화 02-706-9452 팩스 02-706-9458
전자우편 happywitches@naver.com
출판등록 2001년 5월 7일
인쇄 내일북

ISBN 979-11-5536-027-9

*책값은 뒤표지에 있습니다.

오늘도 반짝반짝 키즈 스타일링 A to Z

아이의 일상에 스타일을 더하는
엄마와 딸의 사계절 이야기

즐거운상상

CONTENTS

PART1
키즈 액세서리

PART2

키즈 인테리어

PROLOGUE

아이들은 태어날부터 '아티스트'의 기질을 가지고 태어납니다.
아이가 자라 손에 뭔가를 쥘 수 있는 힘이 생기면 선을 긋고 그림을 그리지요. 아이들은 누구나 꼬마 예술가라고나 할까요? 미술에 재능이 있건 없건 그 자체만으로도 훌륭한 기록이 됩니다. 아이들이 좋아하는 '만들기'를 사랑하는 엄마와 함께한다면 아이들은 더욱 즐거워합니다.

아이가 여섯 살이 되던 해에 저는 블로그에 '아이와 함께 만들기'라는 카테고리를 만들었습니다. 그리고 시간이 날 때마다 미술놀이를 시작했습니다. 아이와 즐겁게 만들던 그 순간은 좋은 추억이 되지만 만들어진 작품들과 그림들은 얼마 시간이 지나지 않아 처치 곤란한 애물단지가 되었지요. 그렇다고 쓰레기통에 넣어버리기에도 뭔가 아쉬웠어요. 그래서 아이의 작품으로 아이방도 꾸며보고, 인테리어 소품으로 활용할 수 있다면 오랫동안 그 즐거웠던 시간을 곁에 두고 볼 수 있을 것 같다는 생각이 들었습니다.

《오늘도 반짝반짝 키즈 스타일링》은 아이와 함께 만들어본 사계절 유용하게 착용할 수 있는 키즈 액세서리와 키즈 인테리어 소품을 담은 책입니다. 엄마가 조금만 도와주면 아이가 혼자 만들 수 있는 작품도 있고, 엄마와 머리를 맞대고 힘을 합쳐 같이 만들어볼 수 있는 아이템도 담았습니다.
또 엄마가 아이를 위해 만들 수 있는 작품도 함께 소개했어요.

이 책에 담은 작품들은 아이가 여섯 살 되던 해 여름부터 일곱 살이 되던 봄에 함께 만들어본 아이템들입니다. 서로 생각이 잘 맞을 때는 한없이 즐겁게 작업하기도 하고, 색깔이나 디자인 선택에 의견이 맞지 않을 때는 투덜투덜 대면서 의견을 맞추어가는 과정도 있었습니다. 엄마 눈에 좋아 보이지만 또 아이 눈에 더 좋은 디자인도 있다는 것, 엄마라면 누구나 경험해보았을 재미있는 순간들이지요.

하나하나 아이와 함께 만들어보았던 그 시간들은 어쩌면 평생에 다시없을 아이와의 소중한 추억으로 기억됩니다. 《오늘도 반짝반짝 키즈 스타일링》은 잡지에 나오는 것처럼 세련되고 멋진 인테리어 소품이나 액세서리는 아니지만 아이와 함께 만들어볼 수 있는 소박하면서도 편안하고 따뜻한 분위기의 작품들을 소개했습니다. 아이와 함께 하는 작업이기에 책에 소개한 작품들은 정말 쉽고, 간단합니다. 짧은 시간이지만 같이 재료를 준비하고 만드는 과정에서 아이는 즐거움과 성취감을 얻을 수 있을 거예요.

아이와 작업하는 엄마의 마음가짐

1. 무엇을 만들 것인지 작업 순서와 과정을 잘 설명해주세요.
2. 책의 내용보다는 아이가 상상하고 생각하는 부분을 더하여 창의적으로 만들어 보세요.
3. 무엇보다 아이가 스스로 할 수 있게 지켜봐 주세요.
4. 결과물과 상관없이 무한한 폭풍 칭찬은 필수입니다.

딸아이와 행복했던 그 시간을 모아 둔 책, 너무 행복합니다.
까탈스러운 엄마에게 싫다는 말 한번 없이 작업해 준 우리 딸 최예서, 고맙고 사랑해.
만든 소품들을 예쁘게 촬영해준 예서 아빠, 남편 인디고레인 승락 씨에게 무한한 감사의 마음 전합니다.
응원을 보내준 지인들과 블로그 이웃님들, 아이와 즐거운 작업을 할 수 있게 기회를 준 즐거운상상 출판사에 감사의 인사 전합니다.

기본 도구와 부자재

■ 인테리어 도구

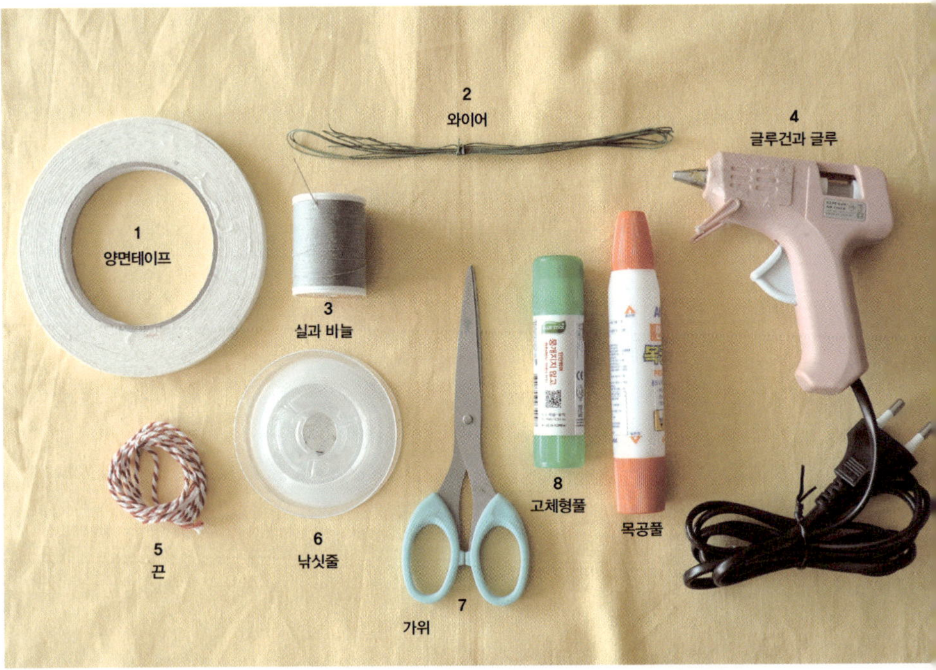

1 양면테이프 가벼운 것을 붙일 때 사용합니다.
2 와이어 리본을 만들 때나 단단히 묶을 때, 고정할 때 사용합니다.
3 실과 바늘 폼폼이를 엮을 때 사용합니다.
4 글루건과 글루 단단한 것을 붙일 때, 고정할 때 사용합니다.
5 끈 장식으로 묶을 때 사용합니다.
6 낚싯줄 모빌 등을 천정에 매달 때 사용합니다.
7 가위
8 고체형풀, 목공풀

■ 인테리어 재료

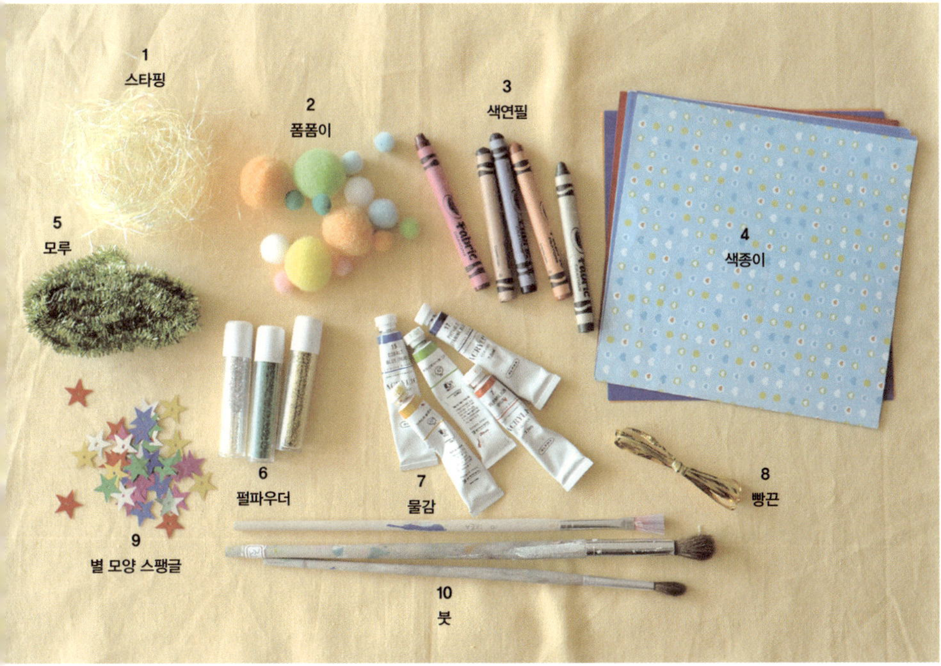

1 스타핑 선물을 포장 할 때 유용합니다. 주로 꾸미기 용도로 씁니다.

2 폼폼이 아이들이 좋아하는 꾸미기 재료입니다.

3 색연필

4 색종이 다양한 컬러와 문양이 있는 색종이는 활용도가 높습니다.

5 모루 아이들이 좋아하는 미술 재료로 컬러가 다양하여 활용도가 높습니다.

6 펄파우더 반짝이가루로 화려하게 꾸밀 때 사용하면 좋습니다.

7 물감

8 빵끈 꾸며서 묶을 때 사용합니다.

9 별 모양 스팽글

10 붓

기본 도구와 부자재

■ 액세서리 도구

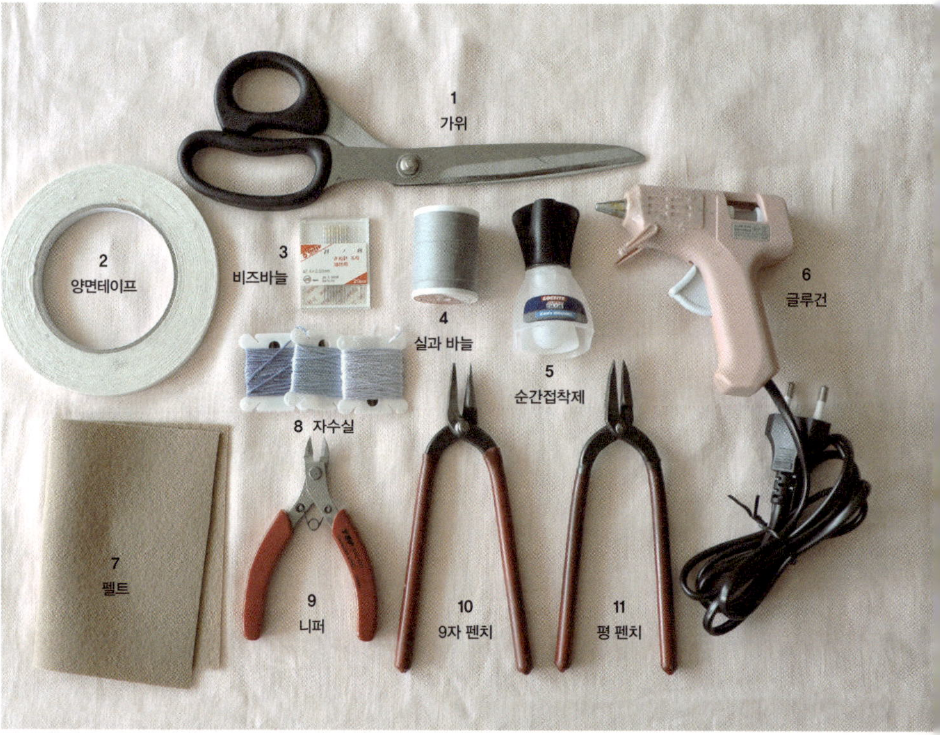

1 가위 원단, 리본, 끈을 자를 때 사용합니다.
2 양면테이프 핀 대에 리본을 감싸 장식할 때 사용합니다.
3 비즈바늘 비즈가 통과하기 쉽게 귀가 작은 비즈 전용 바늘입니다.
4 실과 바늘 원단을 꿰맬 때 사용합니다.
5 순간접착제 플라스틱 제품을 붙일 때 좋습니다.
6 글루건
7 펠트 장식을 붙여 고정하기 좋습니다.
8 자수실 자수를 놓거나 꾸미는 실로 사용합니다.
9 니퍼 와이어를 자를 때 사용합니다.
10 9자 펜치 핸드메이드 액세서리 제작에 사용 되는 도구로 한쪽은 뾰족한 원뿔모양이고 한쪽은 원뿔이 들어가도록 홈이 있는 모양입니다.
11 평 펜치 O링을 열고 닫을 때, 고정볼이나 비즈탭을 누를 때 사용합니다.

■ 액세서리 재료

1 머리띠

2 면사 팔찌나 목걸이를 만들 때 사용합니다.

3 집게핀 · 자동핀 · 똑딱이핀 · 실핀

4 체인

5 우레탄사 신축성이 좋아 팔찌나 목걸이에 비즈를 끼울 때 사용하고, 마감장식 없이 묶어서 마감합니다.

6 조화

7 반지

8 브로치핀

9 장식단추

10 리본

11 머리끈

12 비즈

13 샤원단, 펠트

PART1
Kids Accessory
키 즈 액 세 서 리

아이와 함께 만드는 키즈 액세서리

헤어핀, 헤어밴드, 머리끈, 목걸이, 팔찌, 반지, 코사지, 화관 등
아이와 엄마가 간단하게 만들어 활용하기 좋은 아이템

Spring • Summer • Fall • Winter

장미 헤어핀

장미가 싱그러운 5월의 봄날, 특별히 다른 장식이 없어도 퀄리티 좋은 조화 장미만 있으면 예쁜 헤어핀을 만들 수 있어요. 소녀의 감성이 묻어 나는 특별한 머리핀을 만들어 보세요.

준비물

재료 : 조화 장미, 8cm 납작 자동핀, 부직포

도구 : 글루건, 니퍼

1 조화 장미의 줄기를 서로 다른 방향으로 비스듬하게 자릅니다.

2 방향을 다르게 자른 모양입니다.

3 부직포를 가로 10cm, 세로 3cm로 오리고, 나뭇잎을 글루건으로 붙입니다.

4 비스듬히 자른 장미꽃의 긴 쪽을 안쪽으로 모이게 글루건으로 붙입니다.

5 부직포에 납작 자동핀을 글루건으로 붙입니다.

6 완성된 모습입니다.

봄의 요정 헤어밴드

봄의 요정이 좋아할 것 같은 헤어밴드를 만들어 보았어요.
하늘하늘한 샤 원단과 잔잔한 들꽃 조화 넝쿨로 만들어 여성스러움이 느껴져요.

준비물

재료 : 머리띠, 아이보리 샤 원단, 핑크 샤원단,
들꽃 조화 넝쿨 15cm, 리본 와이어, 부직포

도구 : 글루건

1 아이보리 샤 원단 7cm×15cm, 7cm×13.5cm, 7cm ×12cm 1장씩 준비합니다. 중간을 리본 와이어로 묶어 리본을 만듭니다.

2 핑크 샤 원단 7cm×13.5cm 1장을 준비해 만들어 둔 아이보리 샤 리본 위에 겹쳐 리본을 완성합니다.

3 들꽃 조화 넝쿨을 이미지와 같이 2~3번 감쌉니다.

4 머리띠에 글루건으로 리본을 붙입니다.

5 부직포를 2cm×6cm로 잘라 이미지와 같이 붙여 고정합니다.

6 완성된 모습입니다.

꽃 진주 팔찌

파스텔 컬러의 조화와 아크릴 진주로 만든 사랑스러운 팔찌입니다.
꽃 진주 팔찌 하나면 특별한 날 빛나는 액세서리로 활용할 수 있어요.

준비물

재료 : 아크릴 진주, 조화 꽃, 조화 잎사귀, 스웨이드 리본

도구 : 우레탄사, 송곳, 글루건, 순간접착제

1 글루건으로 조화 꽃에 잎사귀를 붙입니다.

2 조화 꽃 받침 부분에 송곳으로 구멍을 뚫습니다.

3 우레탄사에 아크릴 진주를 원하는 길이만큼 끼웁니다.

4 진주를 끼운 우레탄사에 조화를 끼운 후 매듭을 짓고 순간접착제로 매듭 부분을 고정합니다.

5 스웨이드 리본으로 묶으면 완성입니다.

꽃 그림 코사지

세상에 하나뿐인 아이의 그림으로 코사지를 만들어 볼까요?
광목에 패브릭 크레파스로 꽃송이를 그려 에코백에 포인트로 달아 보세요.
새로운 느낌의 나만의 에코백이 됩니다.

준비물

재료 : 광목, 패브릭 크레파스, 브로치 핀, 솜

도구 : 실, 바늘, 글루건, 다리미

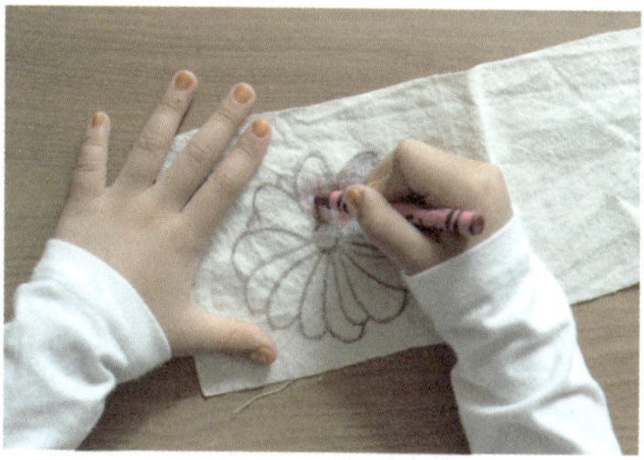

1 광목에 패브릭 크레파스로 꽃 밑그림을 그립니다. 알록달록 색칠하고, 다리미로 열처리해 원단에 염색합니다.

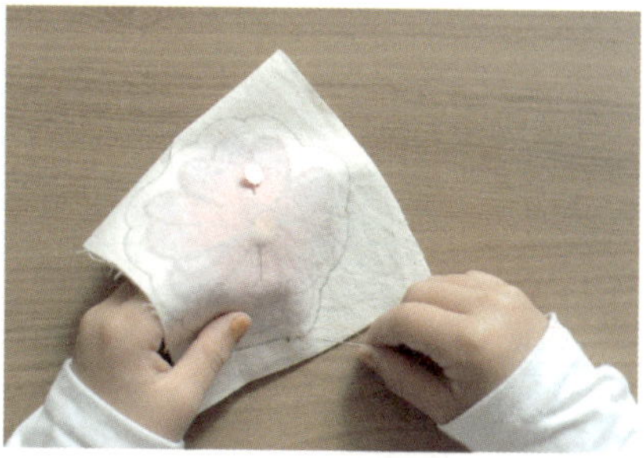

2 원단에 그린 꽃 그림의 형태를 따라 창구멍을 남기고 박음질합니다.

3 창구멍으로 뒤집어서 안에 솜을 넣고, 공그르기로 창구멍을 막습니다.

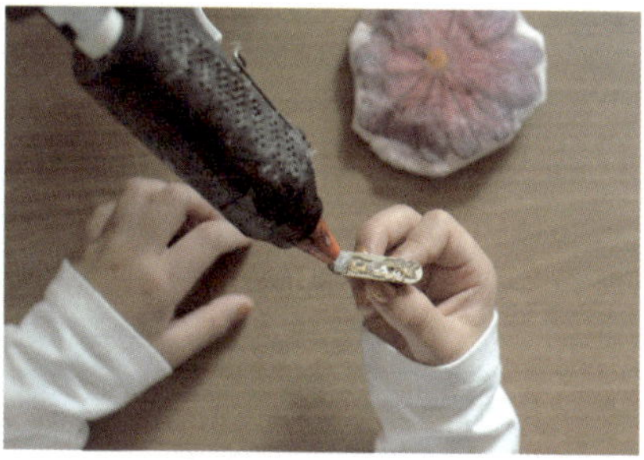

4 브로치 핀에 글루건으로 풀을 바릅니다. 글루건은 뜨거우니 조심하세요.

5 꽃그림 코사지 뒷면에 잘 붙여줍니다.

6 완성된 모습입니다.

귀여운 모티브 반지

아이스크림, 테디베어, 과일 등 플라스틱 모티브나 단추로 반지를 만들어 보세요.
마음에 드는 플라스틱 장식을 반지대에 붙이면 귀엽고 깜찍한 마스코트 반지가 되지요.

준비물

재료 : 여러 가지 플라스틱 장식, 반지대

도구 : 순간접착제

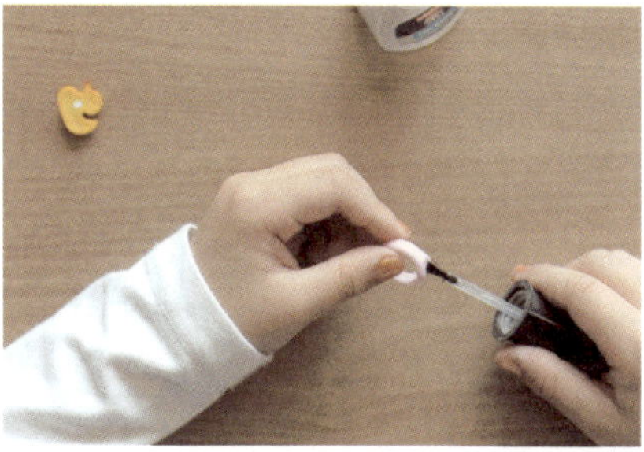

1 모티브 장식에 순간접착제를 바릅니다.

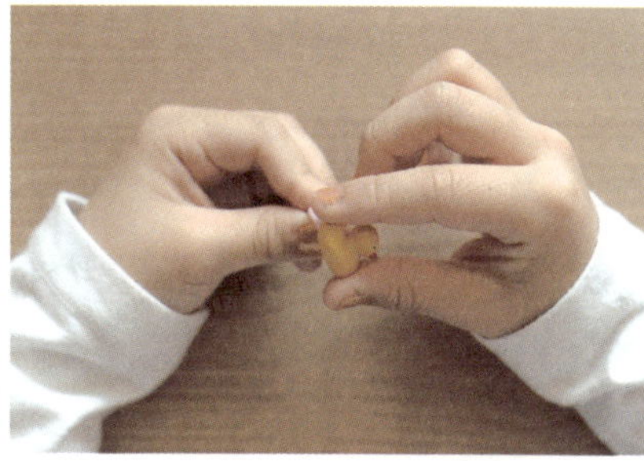

2 손에 묻지 않도록 조심해서 플라스틱 반지대에 붙입니다.

3 완성된 모습입니다.

컵 케이크 헤어핀

컵 케이크 모양 단추로 헤어핀을 만들어 보세요.
아이들 앞머리 고정용으로 딱 좋은 사랑스런 아이템입니다.

준비물

재료 : 컵 케이크 모양 단추, 원판이 달린 실핀

도구 : 순간접착제

1 컵 케이크 모양 단추의 고리 부분을 자릅니다.

2 원판이 달린 실핀을 준비하여 순간접착제를 바릅니다.

3 실핀에 컵 케이크 모양 단추를 붙입니다.

4 완성된 모습입니다.

Kids accessory Tip

귀엽고 사랑스러운 모양의 수입 단추는 동대문 시장
5층 액세서리 재료상에서 구입할 수 있습니다.
반지대, 귀고리대에 붙여 액세서리 세트를 만들어도 귀여워요.

진주 장식 가디건

어느새 작아져 입기 어색해진 가디건을 리폼해 볼까요?
샤 원단과 진주로 소녀풍 가디건으로 리폼해보세요.
원피스 위에 멋내기용으로 코디하면, 귀여운 소녀 스타일로 연출할 수 있어요.

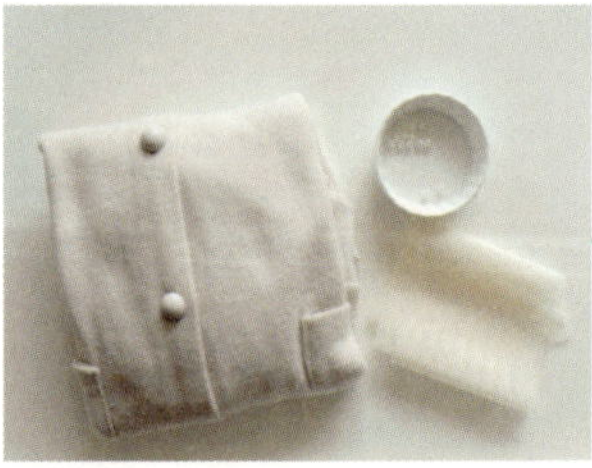

준비물

재료 : 무늬 없는 단색 가디건, 샤 원단, 아크릴 진주

도구 : 실, 바늘

1 가로 2.5cm, 세로 3.5cm 사이즈로 샤 원단 10장을 준비합니다.

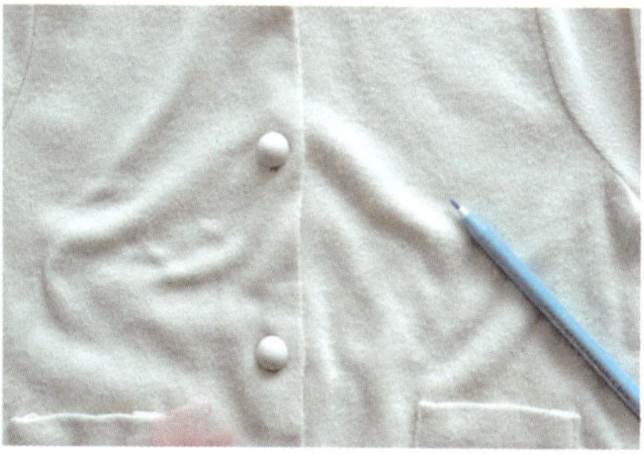

2 가디건 앞쪽에 샤 리본 달 곳을 표시합니다.

3 잘라 둔 샤 원단을 세로 방향으로 부채접기로 접어 리본으로 만듭니다.

4 가디건에 샤 리본과 아크릴 진주를 같이 달아 매듭 짓습니다.

5 매듭을 지으면 이런 모양이 됩니다.

6 완성된 모습입니다.

플라워 프린트 헤어핀

집안에 몇 개씩 굴러 다니는 똑딱핀을 러블리하게 변신시켜 볼까요?
유행하는 꽃무늬 프린트로 간단하게 핀대를 감아 주면 완성.
외출용으로 손색이 없는 헤어 아이템이 되었어요.

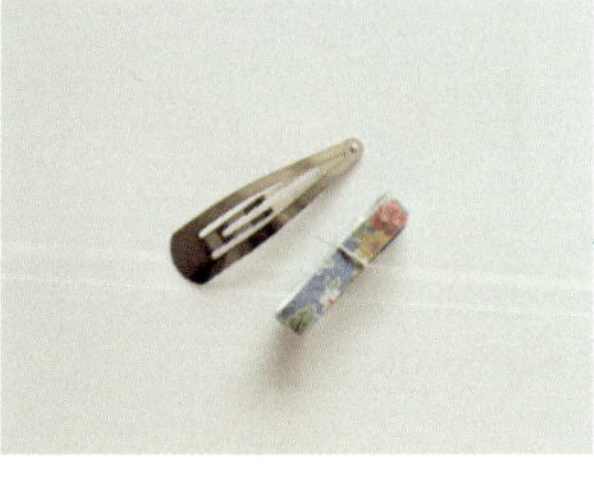

준비물

재료 : 플라워 프린트 원단, 똑딱 핀 8cm

도구 : 양면테이프, 가위

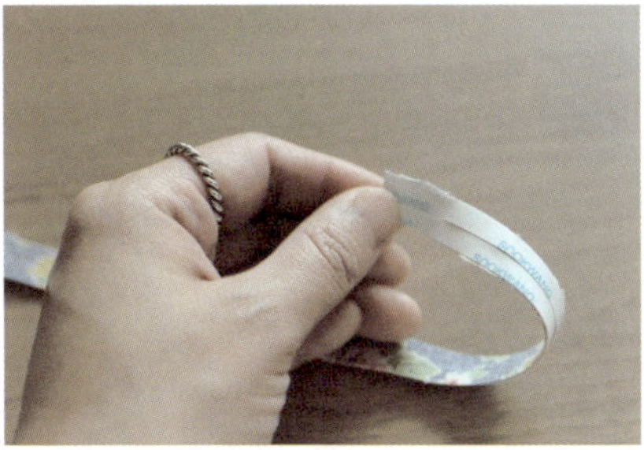

1 꽃무늬 프린트 원단을 가로 1cm, 세로 40cm로 잘라 뒤쪽에 양면테이프를 붙입니다.

2 이미지와 같이 시작부분에 프린트 원단을 붙입니다.

3 한쪽으로 돌려 감고, 다시 반대쪽에 감아 줍니다.

4 프린트 원단 가까운쪽부터 감아 내리고, 다른 한쪽도 감아서 시작 부분으로 감아 올라옵니다.

5 플라워 프린트 원단을 가로 1.5cm 세로 6cm로 자르고 뒷면에 양면테이프를 붙여, 이미지와 같이 감아서 붙입니다.

6 완성된 모습입니다.

구름비 헤어핀

귀엽고 사랑스러운 구름비는 핸드메이드에서 사랑받는 소재입니다.
아이와 함께 귀여운 구름비 헤어핀을 만들었어요.
무지개 빛이 도는 물방울 모양 글래스비즈를 빗방울로 사용하니 반짝반짝 포인트가 되었어요.

준비물

재료 : 무늬 펠트, 은사, AB물방울 글래스비즈, 똑딱핀, 하드지

도구 : 글루건, 순간접착제, 양면테이프

1 하드지에 구름 모양을 그려 모티브를 만들고 펠트 위에 대고 따라 그립니다. 겹쳐 붙여야하므로 서로 반대로 그려서 오려 둡니다.

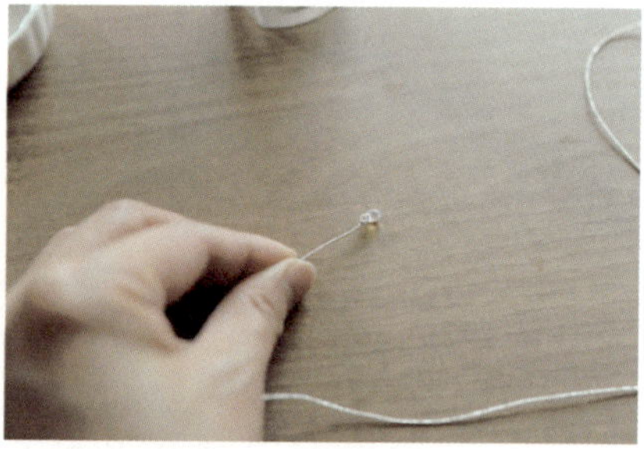

2 은사에 글래즈비즈를 끼워 매듭을 짓고 풀리지 않게 순간접착제를 발라 고정합니다. 빗방울은 7개를 만들어둡니다.

3 안쪽이 될 펠트에 똑딱핀을 끼울 수 있게 구멍을 냅니다.

4 펠트에 낸 구멍 사이로 똑딱핀을 끼웁니다.

5 다른쪽 펠트 안쪽에 양면테이프를 붙이고 은사를 끼운 빗방울들을 붙여서 고정합니다.

6 똑딱핀을 끼운 펠트에 글루건을 꼼꼼하게 바릅니다.

7 다른쪽 펠트와 겹쳐서 붙입니다.

8 완성된 모습입니다.

Kids accessory Tip

구름비 장식에 똑딱이 헤어핀 대신 브로치 핀을 달아보세요. 원피스, 가방에 달아 연출하면 사랑스러운 아이템으로 활용할 수 있어요.

귀여운 꽃 반지

다섯 살 딸이 종이에 꽃 그림을 그려서 삐뚤빼뚤 오려 반지대에 붙여
선물이라고 줬을 때 마음이 어찌나 예쁜지 그 꽃 반지 아직도 간직하고 있어요.
귀여운 꽃 반지를 만들어 다시 아이에게 선물했어요.

준비물

재료 : 조화 꽃 2가지 종류, 조화 잎사귀 2장, 반지대, 부직포

도구 : 글루건

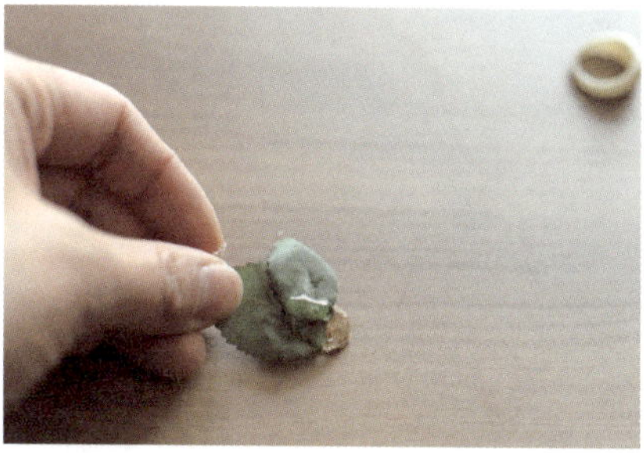

1 가로 0.5cm, 세로 1cm의 부직포에 잎 2장을 글루건으로 붙입니다.

2 조화 꽃 두 가지를 글루건으로 붙입니다.

3 만든 꽃 장식을 반지대에 붙입니다.

4 완성된 모습입니다.

무지개 구슬 목걸이와 팔찌 세트

무지개 목걸이를 만들어 주고 싶어서 동대문상가에서 아크릴 비즈를 구입했어요.
아이와 함께 고르고 같이 만든 무지개 목걸이와 팔찌.
아이의 보물 상자에서도 제일 예쁘네요.

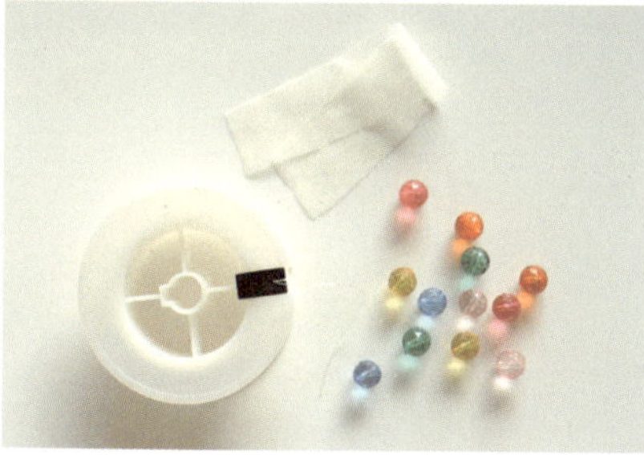

준비물

재료 : 여러 가지 컬러의 아크릴 비즈, 우레탄사, 샤원단

도구 : 순간접착제

1 우레탄사에 아크릴 비즈를 원하는 색깔 순서대로 끼웁니다.

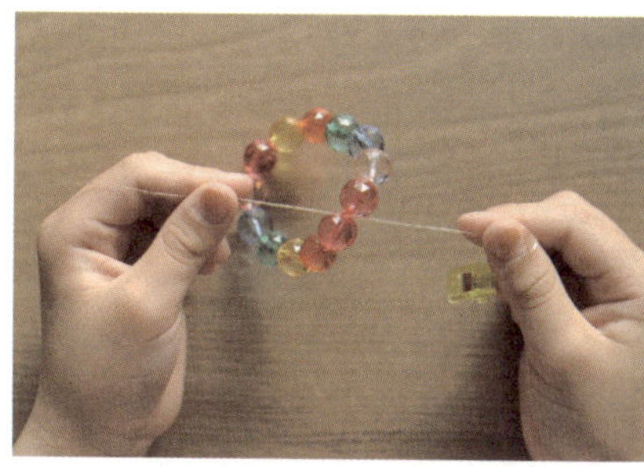

2 우레탄사의 매듭을 묶은 후 순간접착제로 매듭을 단단히 고정합니다.

3 매듭 부분에 가로 2cm, 세로 10cm의 샤원단을 묶습니다.

4 목걸이는 총 길이 35cm로 팔찌와 같은 방법으로 만들면 됩니다.

민트 플라워 리본 헤어핀

아이들은 하루하루 자랍니다. 아기 때도 예뻤고 다섯 살 때도 예뻤고 지금도 예쁜 숙녀이지요.
조금 더 성숙한 소녀의 모습을 상상하며 심플한 리본 헤어핀을 만들어 볼까요?

준비물

재료 : 패브릭 리본 (가로5cm, 세로 32cm), 납작 자동핀

도구 : 가위, 양면테이프

1 패브릭 리본을 20cm 길이로 자르고 양쪽에 양면 테이프를 붙입니다.

2 리본의 중심에 양쪽 끝을 붙인 다음, 나머지 패브릭 리본을 감싸서 양면테이프로 붙입니다.

3 만든 리본에 납작 자동핀을 붙입니다.

4 완성된 모습입니다.

불가사리 목걸이

별을 닮은 불가사리의 매력에 빠져서 한동안 그림에 꼭 등장했던 불가사리.
여름의 추억을 담아 불가사리 목걸이를 만들어 보세요.
푸른 바다가 햇빛에 반짝이는 것처럼 아이의 웃음이 반짝입니다.

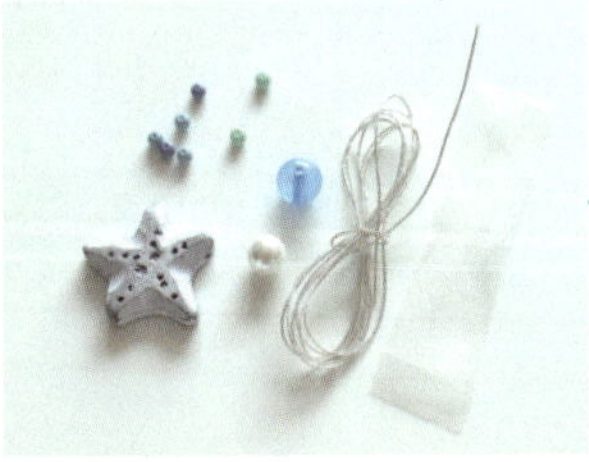

준비물

재료 : 불가사리 모양 우드 비즈,
밀크볼 크리스탈 1mm(7개), 아크릴 진주,
아크릴 비즈, 은색 면사, 샤 리본(4cm)

1 은색 면사 80cm를 반으로 접은 부분에 불가사리 모양 우드 비즈를 묶습니다.

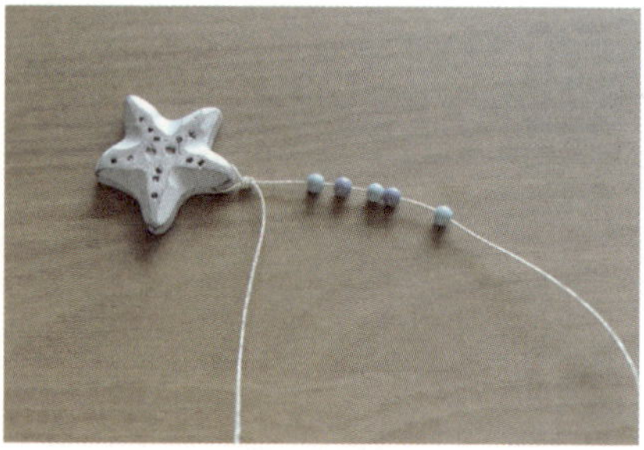

2 불가사리 모양 우드 비즈를 중심으로 한쪽 면사에 밀크볼 크리스탈을 5개 끼웁니다.

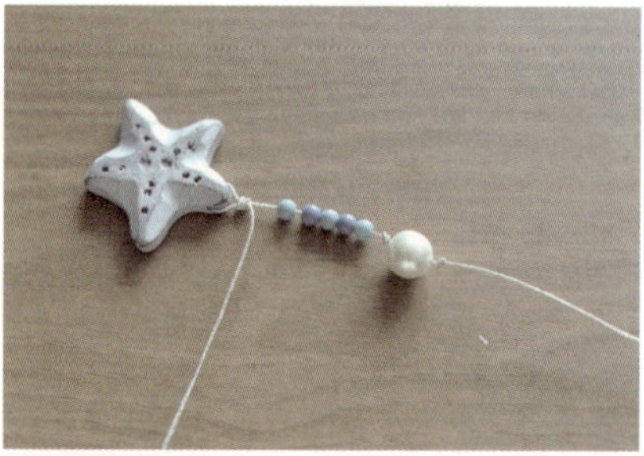

3 면사에 매듭을 짓고, 아크릴 진주를 끼우고 다시 매듭을 짓습니다.

4 다른 쪽 면사에 아크릴 비즈를 끼웁니다.

5 샤 리본을 한번 묶어줍니다.

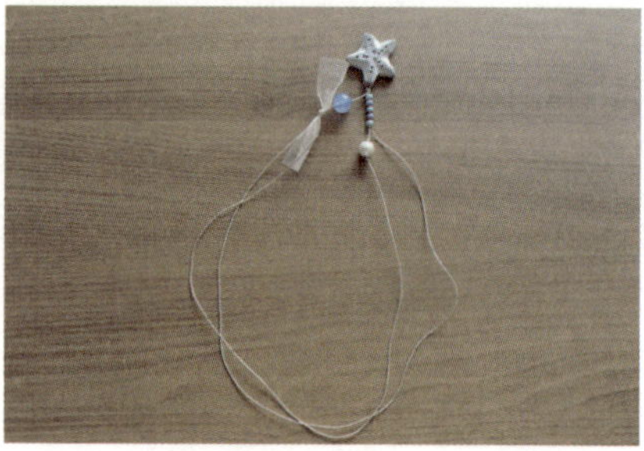

6 면사의 양끝을 겹칩니다.

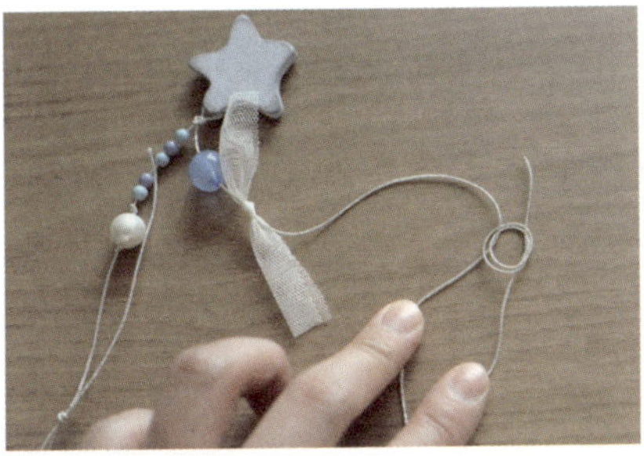

7 2번 감아 매듭을 짓습니다.

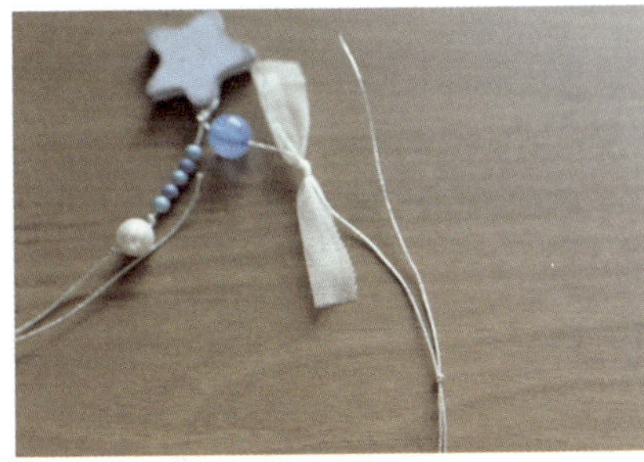

8 매듭 지은 면사의 끝이 위로 향해야 제대로 된 매듭입니다.

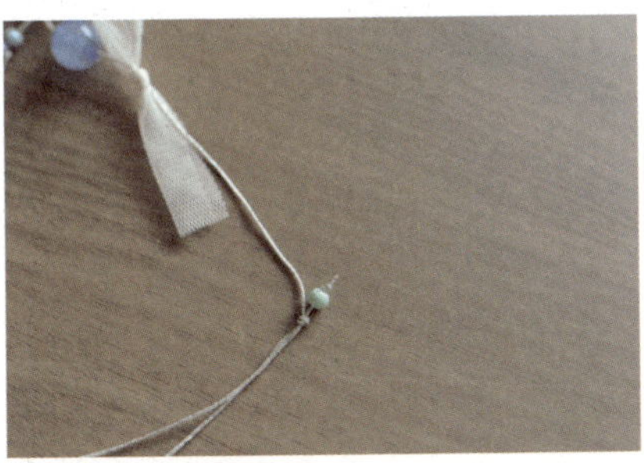

9 매듭 끝에 밀크볼 크리스탈을 끼우고 다시 매듭을 짓습니다. 다른쪽도 똑같은 방법으로 매듭을 지어 주세요.

10 완성된 모습입니다.

Kids accessory Tip

사용된 매듭법으로 묶어 주면, 길이 조절이 되어 착용이 편하고 원하는 길이의 목걸이로 연출이 가능합니다.

작은별 헤어밴드

작은별들을 나란히 붙이기만 해도 심플하면서 화려한, 스타일리쉬한 헤어밴드가 됩니다.
어떤 의상에도 잘 어울리는 데일리 아이템입니다.

준비물

재료 : 은색, 금색 별장식 (각각 6개),
골드 스웨이드 리본(45cm), 머리띠

도구 : 양면테이프, 글루건

1 머리띠 위쪽에 양면테이프를 붙이고, 스웨이드 리본으로 감싸 붙입니다.

2 띠의 중심을 정하고 중심의 오른쪽부터 은색 금색 순서로 6개를 글루건으로 붙입니다.

3 다시 중심의 은색별 옆으로 금색 은색 순서로 6개 붙입니다.

4 완성된 모습입니다.

스위트 걸 머리끈

합성가죽에 프린트 되어 있는 소녀 그림의 싸개 단추 장식으로 머리끈을 만들어 볼까요?
양갈래 머리 스타일에 어울리는 아이템이에요. 아이와 함께 만들어 보세요.

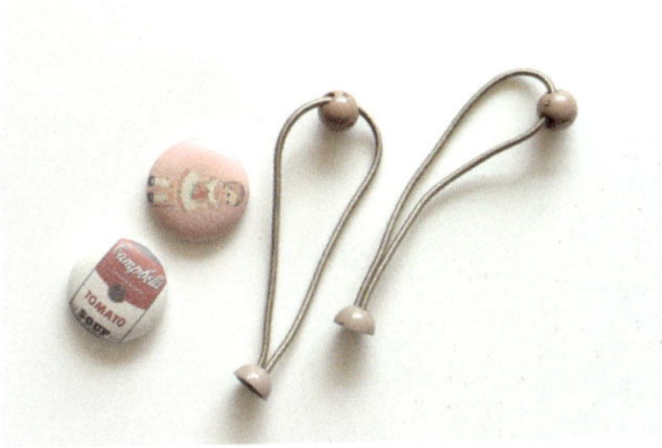

준비물

재료 : 합성가죽 싸개 단추 장식, 머리끈

도구 : 글루건

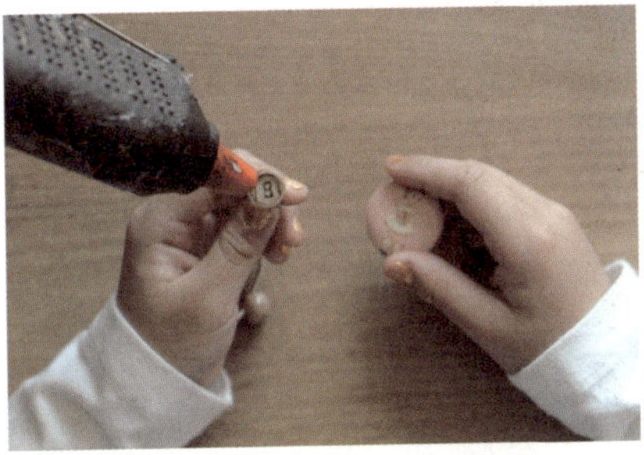

1 머리끈 꼭지 부분에 글루건을 발라 줍니다.

2 머리끈에 싸개 단추 장식을 붙입니다.

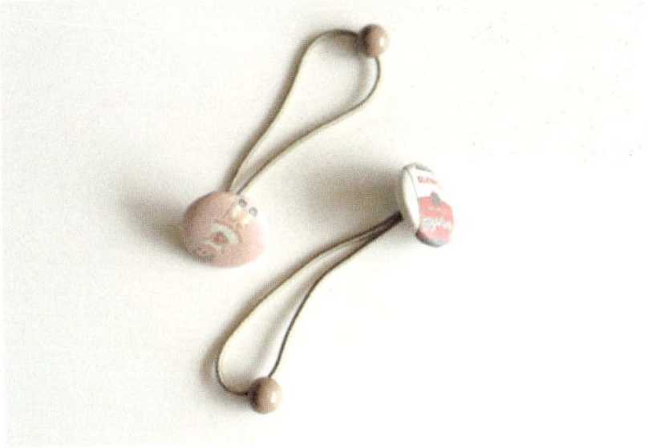

3 완성된 모습입니다.

숲의 요정 화관

들꽃의 싱그러움을 담은 화관만 있으면 아이를 숲의 요정으로 변신시킬 수 있습니다. 화관은 데일리 소품은 아니지만 특별한 날에 어울리는 사랑스런 머리 장식이에요. 아이방 침대가 있는 벽에 걸어두면 훌륭한 인테리어 소품이 됩니다.

준비물

재료 : 들꽃조화 넝쿨, 은사, 토숀, 아이보리 리본,
오건디 리본, 샤 리본, 리본와이어.

도구 : 니퍼

1 화관의 지름이 17cm~18cm가 되로록 들꽃 조화 넝쿨을 둘러 주고, 리본 와이어로 묶어 고정합니다.

2 샤 리본으로 한쪽을 묶습니다.

3 은사를 여러 줄 겹쳐 이미지와 같이 묶습니다.

4 묶어 둔 은사 위로 다른 리본을 묶어 주면 완성입니다.

꽃 장식 왕골 가방

밋밋한 왕골 가방에 여러 송이의 조화를 달아 장식해 보세요.
평범함 왕골 가방이 세상에 하나뿐인 나만의 왕골 가방이 됩니다.

준비물

재료 : 왕골 가방, 여러 가지 조화

도구 : 글루건, 니퍼

1 조화가 잘 붙도록 꽃 받침 부분을 니퍼로 자릅니다.

2 제일 큰 조화에 글루건을 발라 손잡이 아래쪽으로 붙입니다.

3 큰꽃을 중심으로 다른 꽃들도 배치해보고 둘러가며 붙입니다.

4 완성된 모습입니다.

타히티 보라보라 꽃 헤어핀

언젠가는 꿈의 섬 타히티나 보라보라로 떠나는 날이 올까요?
여름날 휴양지에서 아이를 특별하게 만들어줄 탐스러운 꽃 헤어핀.
하나쯤 만들어 두면 유용하게 쓸 수 있습니다.

준비물

재료 : 조화 꽃 7송이, 조화 잎사귀 2장, 6cm 집게핀, 스웨이드 리본 15cm, 부직포

도구 : 글루건, 양면테이프

1 양면테이프로 집게핀을 감싸 붙입니다.

2 가로 2.5cm 세로 7cm 부직포를 잘라 준비하고, 조화 잎사귀를 글루건으로 붙입니다.

3 조화 4장을 겹쳐 한송이를 만듭니다.

4 3번 꽃송이를 글루건으로 잎사귀 반대쪽으로 반만 붙입니다.

5 나머지 조화꽃을 둘러 붙여 풍성한 꽃장식을 만듭니다.

6 부직포에 집게핀을 붙입니다.

포푸리 리본 헤어핀

꽃 향기 가득 담은 포푸리 주머니에서 아이디어를 얻어 만든 포푸리 리본 헤어핀이에요. 아이보리 컬러의 샤 원단 속에 담겨 있는 꽃잎들이 우아하고 고급스러운 느낌을 줍니다. 특별한 행사가 있을 때 활용해보세요.

준비물

재료 : 샤 원단, 조화 꽃 여러 송이, 조화 잎사귀, 납작 자동핀, 리본 와이어, 하드지

도구 : 실, 바늘, 글루건

1 샤 원단을 가로 30cm, 세로 12cm로 자른 다음, 반을 접어 한쪽 끝을 박음질합니다.

2 박음선이 중심으로 오도록 두고, 안쪽에 하드지를 넣고 꽃잎을 원하는 위치에 글루건으로 붙입니다. 하드지를 넣으면 글루건으로 꽃을 붙일 때 아래쪽 샤 원단이 같이 붙는 것을 방지할 수 있습니다.

3 하드지를 뺀 다음, 한쪽에는 창구멍을 두고 나머지는 부분은 박음질 하고 창구멍으로 뒤집습니다.

4 리본 와이어로 중간에 묶어 리본을 만듭니다.

5 묶어 둔 와이어 부분을 샤 원단으로 감쌉니다.

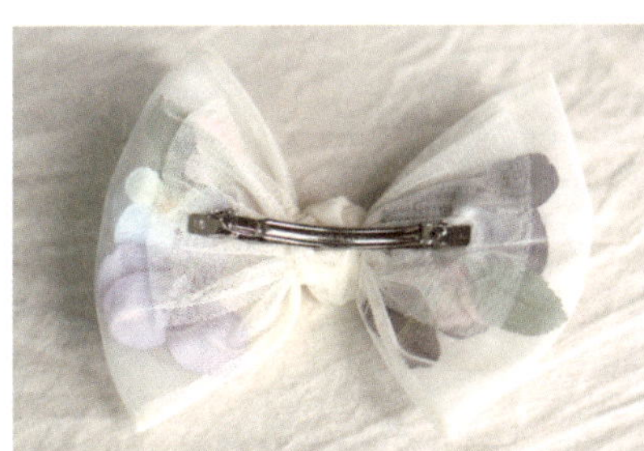

6 뒷면에 글루건으로 납작 자동핀을 붙입니다.

하트 샤 반지

아기자기 예쁜 작은 단추를 보면 모으게 됩니다.
아껴 두었던 예쁜 단추를 모아 아이를 위한 반지를 만들어 보세요.

준비물

재료 : 샤 원단, 하트 단추, 꽃 단추, 잎사귀 단추, 반지대, 리본 와이어

도구 : 글루건, 니퍼, 가위

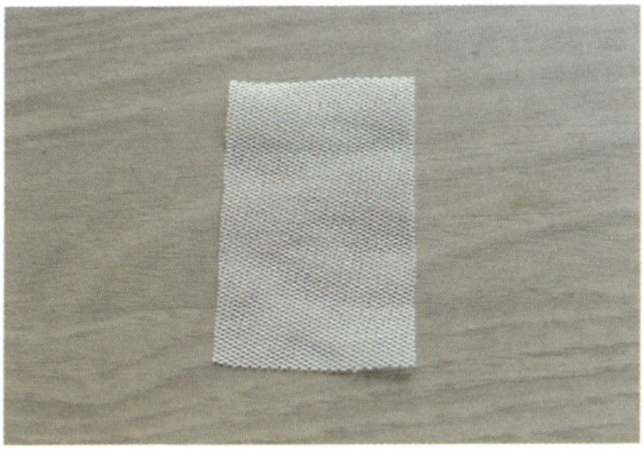

1 샤 원단을 가로 3cm, 세로 4cm로 준비합니다.

2 1번 상태에서 위에서 아래로 접어 리본을 만들어 리본 와이어로 묶습니다.

3 꽃, 잎사귀 단추 장식의 고리 부분을 니퍼로 잘라줍니다.

4 하트 단추 위에 꽃과 잎사귀를 순간접착제로 붙입니다.

5 4번 하트 단추 뒷부분에 샤 리본을 글루건으로 붙입니다.

6 만들어 놓은 하트 장식에 반지대를 붙입니다.

당나귀 마스코트 목걸이

귀여운 회색 당나귀 장식과 핑크 수술과 꽃무늬 프린트 비즈가 은은하게 포인트가 되는 목걸이에요.
아이가 좋아하는 동물 장식으로 같이 만들어보세요.
마스코트처럼 목에 걸고 다니면 참 예뻐요.

준비물

재료 : 당나귀 우드 장식, 꽃무늬 비즈와 수술 장식, 군줄체인(60cm), 군줄 마감 캡

1 당나귀 우드 장식 고리에 군줄 체인을 끼웁니다.

2 꽃무늬 비즈와 수술 장식의 고리도 군줄 체인을 끼웁니다.

3 군줄 마감 캡으로 떨어진 군줄을 연결합니다.

4 완성된 모습입니다.

손뜨개 도일리 리본 헤어핀

손뜨개 도일리를 컵받침으로, 벽장식으로 두루두루 사용하다가
리본 헤어핀을 만들어 보았어요. 내추럴한 느낌이 어떤 옷과도 잘 어울립니다.
만드는 방법은 쉽지만, 완성도 높은 리본 헤어핀입니다.

준비물

재료 : 도일리, 토숀, 납작 자동핀, 부직포, 리본 와이어

도구 : 글루건

1 도일리 중심에 주름을 잡고 리본 와이어로 묶습니다.

2 리본 와이어로 묶은 부분을 토숀으로 감싸 장식합니다.

3 도일리 리본 장식에 부직포를 잘라 글루건으로 붙입니다.

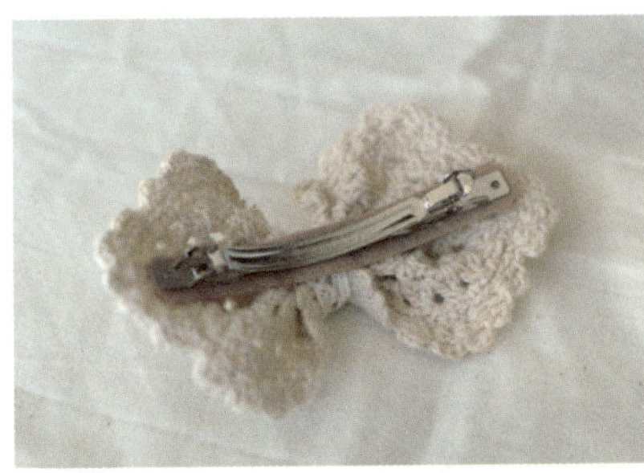

4 부직포에 납작 자동핀을 붙입니다.

5 완성된 모습입니다.

드라이 플라워 헤어핀

수분 가득 머금은 활짝 핀 꽃도 예쁘지만, 잘 마른 드라이 플라워도 참 분위기 있지요.
드라이 플라워 느낌을 주는 조화는 가을쯤 꽃시장에서 살 수 있어요.
드라이 플라워 조화로 앞머리 고정용 헤어핀을 만들어 보세요.

준비물

재료 : 작은 조화 (3장), 핵진주 (1개), 원판이 달린 실핀, 부직포

도구 : 실, 바늘, 글루건

1 드라이 플라워 조화 3장을 겹쳐서 실로 고정한 뒤, 핵진주를 달아줍니다.

2 부직포를 원 모양으로 오려 만들어진 꽃장식 뒤에 붙입니다.

3 글루건을 바른 뒤 실핀을 붙입니다.

4 완성된 모습입니다.

부드러운 털실 팔찌

보들보들한 아이 피부 같은 털실로 포근한 팔찌를 만들어 볼까요?
여름을 제외하고는 편하게 착용할 수 있어요.
아이들이 좋아하는 작은 장식 모티브나 알록달록 단추를 달면 포인트가 되지요.

준비물

재료 : 부드러운 털실 100cm, 작은 단추 5개,
큰 하트 단추 1개

도구 : 자수실, 바늘

1 털실을 3등분으로 나누어 3분의 1만 자른 후, 3분의 2부분의 실을 반으로 겹쳐서 3분의 1의 실과 함께 이미지와 같이 매듭짓습니다. 고리 부분은 잠금 장치의 고리가 됩니다.

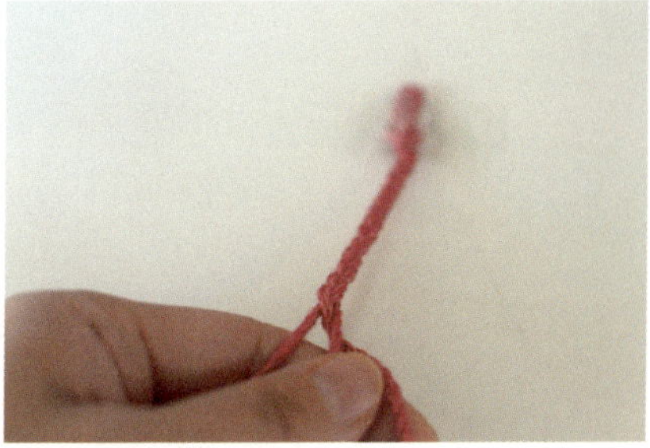

2 머리를 땋는 방식으로 15cm를 땋습니다.

3 매듭을 짓습니다.

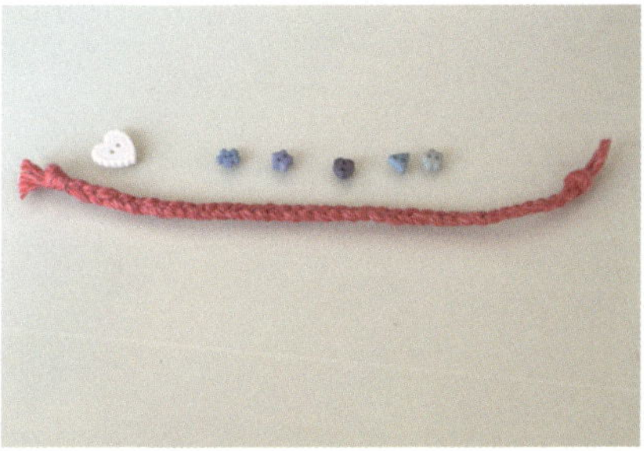

4 다른 쪽 면사에 아크릴 비즈를 끼웁니다.

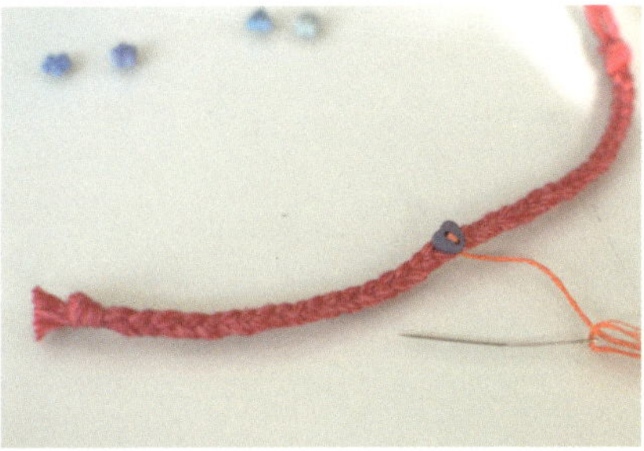

5 땋아진 털실 끈 위에 단추를 순서대로 매치합니다.

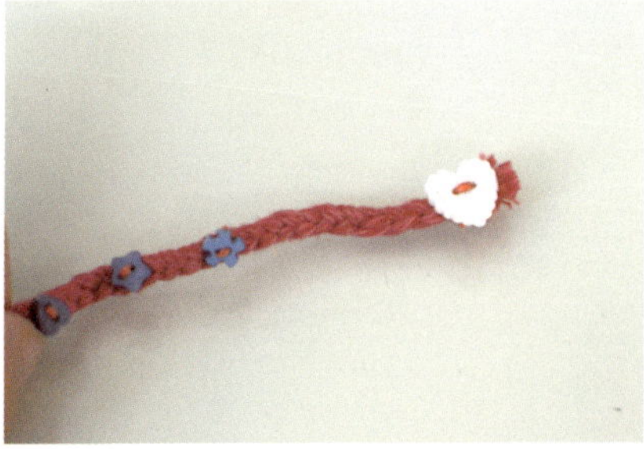

6 털실 고리가 없는 쪽에 하트 단추를 답니다.

꽃 코사지 머리끈

새틴 패브릭으로 코사지를 만들어 볼까요?
꽃잎 한 장 한 장을 열로 마감하면 마른 꽃잎 같은 느낌이 나지요.
엄마와 딸이 함께 사용할 수 있는 포니테일 머리끈입니다.

준비물

재료 : 새틴 패브릭, 둥근 고무줄, 담수 진주(3개), 하드지

도구 : 글루건, 바늘, 실, 양초, 가위

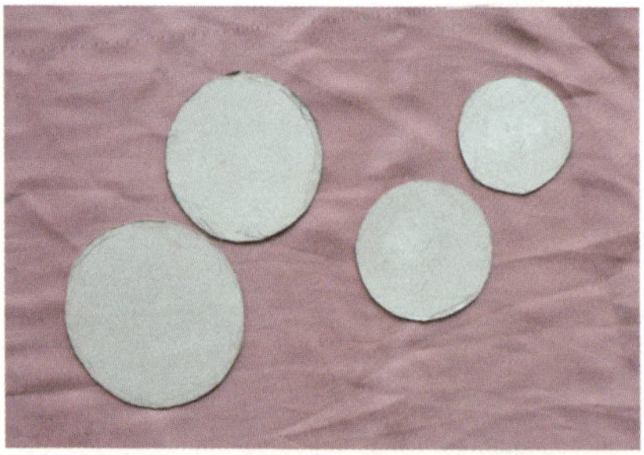

1 지름 7cm, 6cm, 5cm, 4cm의 원을 하드지에 그려 오려 두고, 새틴 원단 뒷면에 각각 3개, 3개, 2개, 1개를 그립니다.

2 원 9장을 가위로 오립니다.

3 원단 테두리 부분을 촛불의 열로 마감합니다.

4 큰 원부터 작은 원 순으로 차례로 쌓습니다.

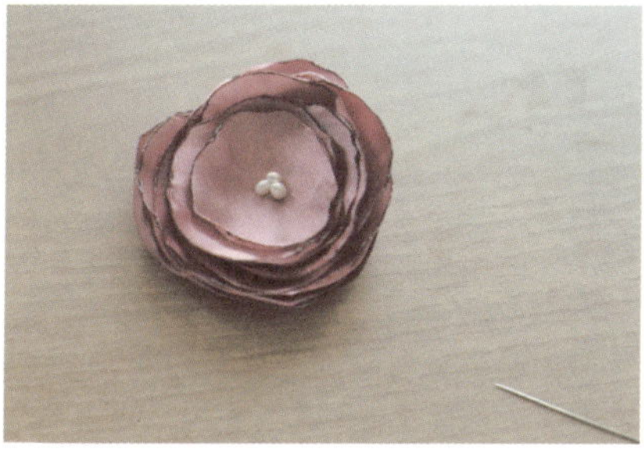

5 중심 부분을 바느질로 고정하고, 담수 진주 3알을 달아줍니다.

6 지름 5cm로 자른 부직포를 코사지 뒷면에 붙입니다.

7 부직포에 슈슈머리끈을 글루건으로 붙입니다.

8 완성된 모습입니다.

Kids accessory Tip

꽃 코사지를 크기별로 여러 개 만들어 두었다가 다른 액세서리에 응용해 보세요. 선물 포장 리본 위에 붙여 장식하면 선물이 더 돋보이지요.

FALL 06

웨딩 크라운 면사포

어릴적 수건 한쪽 부분을 묶어 머리에 쓰고 놀았던 기억이 있기에
공주놀이용 면사포를 만들어 보았어요.
하얀 샤 원단에 왕관까지, 행복한 공주놀이는 한동안 계속되었답니다.

준비물

재료 : 샤 원단, 반짝이 왕관 장식, 고무끈

도구 : 바늘, 실, 송곳

1 샤 원단을 가로 50cm, 세로 100cm로 준비합니다. 세로 30cm 부분을 접어서 접은 부분부터 시침질을 해서 주름을 잡습니다.

2 왕관 장식이 왕관 모양이 되도록 연결합니다. (동대문 리본 액세서리 상가에서 구매 가능)

3 만들어 놓은 면사포와 왕관의 2분의 1 부분을 박음질로 연결합니다.

4 면사포가 있는 쪽에 고무끈을 연결할 수 있게 양쪽에 구멍을 냅니다.

5 고무줄을 연결합니다.

6 완성된 모습입니다.

포근포근 양모 헤어밴드

양모가 포인트인 헤어밴드를 만들어 볼까요?
따뜻하고 부드러운 느낌이 드는 헤어 소품이에요.

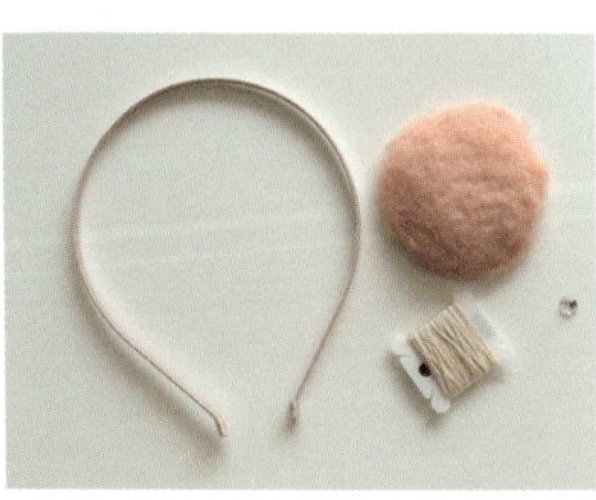

준비물

재료 : 양모, 자수 실, 조화 잎사귀, 밀러 큐빅, 부직포, 머리띠

도구 : 글루건, 양모 니들 펠트용 펀칭대, 양모 바늘

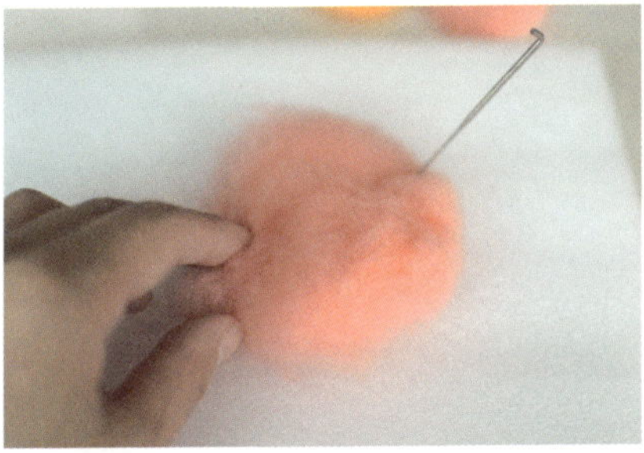

1 펀칭대에 양모를 놓고 지름 5cm가 되도록 펀칭해서 납작한 원 모양을 만듭니다.

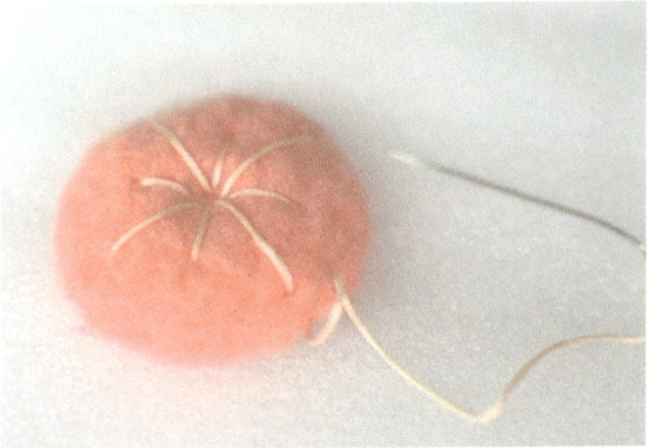

2 원 모양 양모의 중심을 찾고, 이미지와 같이 자수실로 수놓습니다.

3 수 놓은 심에 밀러 큐빅을 글루건으로 붙입니다.

4 부직포의 지름이 4cm가 되도록 원을 2개 준비하고, 한 개의 부직포에 조화 잎사귀를 글루건으로 붙입니다. 그리고 만들어 놓은 양모를 붙입니다.

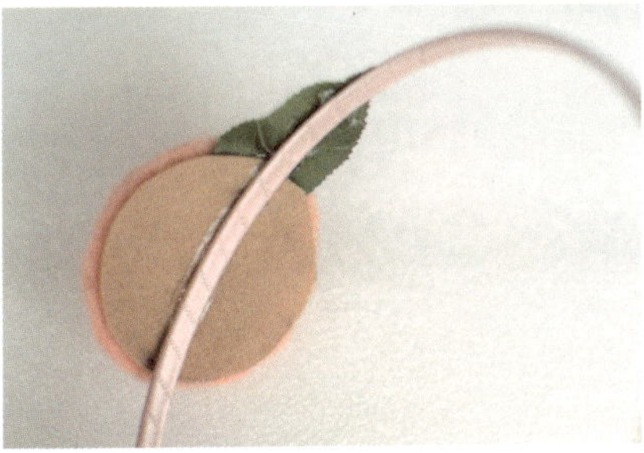

5 만들어놓은 양모 장식을 헤어밴드에 글루건으로 붙입니다.

6 원 모양으로 올려 둔 다른 부직포를 붙여 고정합니다.

FALL 08

할로윈 마녀 망토

10월의 마지막 날 할로윈이 오면 아이들은 마녀로 변신하고 싶어하죠.
검정색 원피스와 오렌지색 레깅스가 기본. 그리고 아이와 함께 망토를 만들어 볼까요?
검정색 샤 원단으로 만들면 마녀 망토가 되고 파스텔톤 샤 원단으로 만들면 공주 망토가 됩니다.

준비물

재료 : 은색 반짝이가 프린트 된 검정색 샤 원단,
반짝이 리본

도구 : 바늘, 실

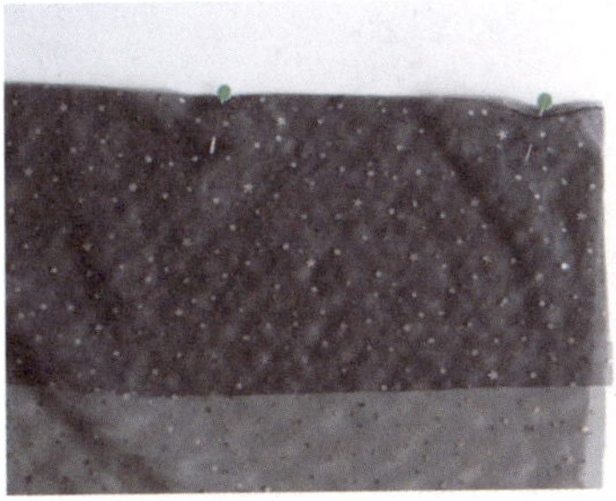

1 가로 100cm, 세로 80cm 샤 원단 1장, 가로 100cm, 세로 25cm 샤원단 1장을 준비한 다음, 가로 100cm 부분을 겹칩니다.

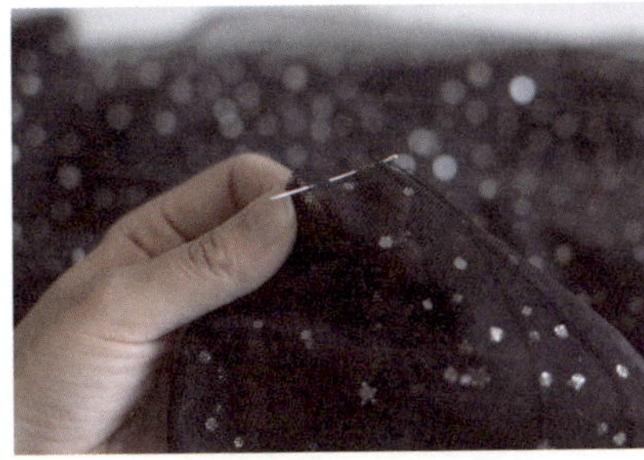

2 겹친 부분을 시침질로 50cm 주름을 만듭니다.

3 시침질을 마친 모습입니다.

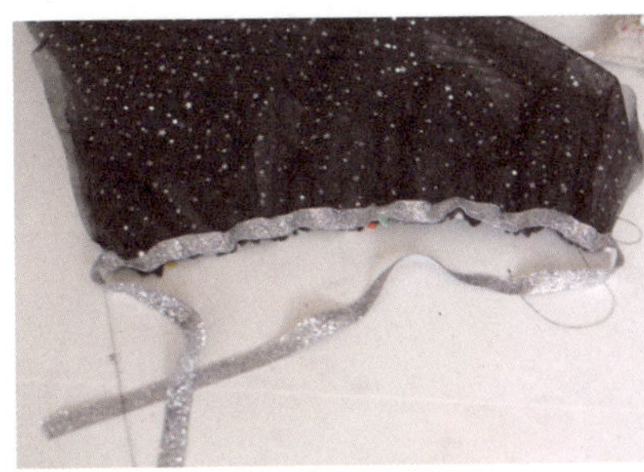

4 망토의 중심을 찾고, 반짝이 리본 12cm를 리본의 중심에 맞춰 시침핀으로 고정합니다.

5 반짝이 끈을 박음질로 달아 줍니다.

6 끈을 답니다. 완성!

펠트 헤어 액세서리 세트

요즘 펠트로 만든 머리핀이 인기지요. 펠트는 다양하게 활용할 수 있고 부드러운 느낌이 아이들과 잘 어울리는 소재입니다. 여러 가지 동물과 별, 하트 등을 만들어 귀여운 머리띠도 만들어 보세요.

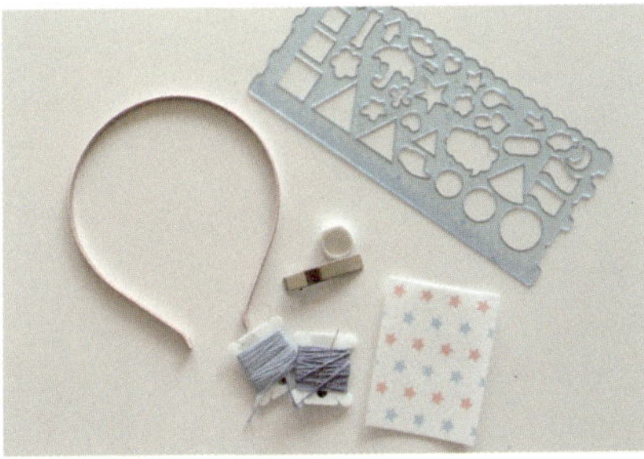

준비물

재료 : 무늬 펠트, 모양자, 6cm 집게핀, 반지대, 머리띠

도구 : 글루건, 자수실, 바늘, 가위, 수성펜

1 무늬가 있는 펠트지 뒷면에 수성펜으로 모양자를 대고 모양을 그리고, 오려 놓습니다.

2 펠트 테두리를 버튼홀 스티치로 마감합니다.

3 6cm 집게핀에 붙이면 완성입니다.

4 머리띠, 반지대에 붙여서 세트로 제작합니다.

허밍 버드 헤어핀

딸아이 머리에 살포시 새 한 마리를 놓아 주면 아이가 하루종일 기분이 좋을 것만 같습니다.
새들의 노래 소리가 담긴 핸드메이드 펠트 헤어핀을 만들어 보세요.

준비물

재료 : 5mm 펠트, 단추, 하드지, 6cm 집게핀

도구 : 글루건, 실(자수실), 바늘

1 하드지에 새 모양을 그리고, 오려낸 후 두꺼운 5mm 펠트 위에 올려 놓고 새모양을 그립니다.

2 자른 새모양에 가장자리 2mm 간격을 두고 홈질로 러닝 스티치합니다.

3 작은 단추를 달아 새 눈을 표현합니다.

4 새 모양 펠트 장식에 6mm 집게핀을 글루건으로 붙입니다.

폼폼이 목걸이

동글동글 포근포근 양모는 추운 계절에 아주 잘 어울리는 아이템입니다.
가벼워서 아이들 목에 걸어도 불편하지 않고, 겨울 옷에 포인트로 코디하기 좋습니다.

준비물

재료 : 구슬 모양의 양모(여러 가지 컬러로 9개), 면사, 금색 별장식(2개), 스웨이드 리본, 비즈(2개)

도구 : 돗바늘, 글루건.

※ 양모 폼폼이는 동대문 액세서리상가에서 구매할 수 있어요.

1 돗바늘에 80cm 면사를 끼워서 양모 폼폼이를 하나씩 끼웁니다.

2 양모를 다 끼운 다음 면사의 중심으로 잘 모아 둡니다.

3 한쪽 부분에는 금별 장식을 겹쳐 글루건으로 붙입니다.

4 한쪽 부분은 스웨이드 끈으로 리본을 만들어 묶습니다.

5 길이 조절이 가능한 매듭법으로 묶어 준다.(p.43 바닷가 불가사리 목걸이 만들기를 참고.)

6 양쪽 모두 매듭한 후 비즈로 마감합니다.

양털 리본 헤어밴드

담요처럼 포근한 양털 원단으로 겨울에 잘 어울리는 헤어 장식을 만들어 보세요.
아이가 양털 리본을 하고 있으면, 엄마 마음도 따스해지는 것 같아요.

준비물

재료 : 양털 원단, 털실, 헤어밴드

도구 : 글루건, 양면테이프

1 양털 원단을 가로 10cm 세로 5cm로 준비한 다음, 이미지와 같이 접어서 양면테이프로 붙입니다.

2 원단 중심으로 주름을 잡아 리본을 만듭니다.

3 리본의 중심에 털실을 감아 장식합니다.

4 만들어진 양털 리본에 글루건으로 머리끈을 붙입니다.

5 완성된 모습입니다.

티아라 헤어밴드

프린세스의 티아라는 꼬마 아가씨들의 영원한 로망입니다.
손바느질로 하나하나 큐빅 장식을 달아보세요. 동대문 액세서리 상가에서 살 수 있는
아크릴 큐빅 장식은 옷이나 가방 등 패션 아이템으로 유용하게 사용할 수 있어요.

준비물

재료 : 아크릴 큐빅 장식 여러 모양으로 11개, 머리띠

도구 : 실, 바늘

1 머리띠의 중심에 가장 큰 아크릴 큐빅을 바느질해서 달아줍니다.

2 중심 아크릴 큐빅의 오른쪽에 5개의 아크릴 큐빅을 차례로 달아줍니다.

3 중심 아크릴 큐빅의 왼쪽도 오른쪽과 똑같이 답니다.

4 완성된 모습입니다.

크리스마스 트리 헤어핀

산타할아버지 그리고 반짝반짝 빛나는 크리스마스 트리.
아이들이 좋아하는 아이템으로 헤어 장식을 만들어 주는 센스를 발휘해 보세요.

준비물

재료 : 5mm 펠트, 크리스마스 주제의 단추, 별장식, 하드지, 8cm 집게핀

도구 : 글루건, 자수실, 바늘

1 하드지에 소나무 모양의 삼각형을 그리고 오려낸 후 두꺼운 5mm 펠트 위에 올려 놓고 소나무 모양을 그립니다.

2 소나무 모양을 오려 냅니다.

3 가장자리를 버튼홀 스티치로 바느질합니다.

4 준비해 둔 단추 장식의 단추고리를 니퍼로 자르고, 단추 장식을 글루건으로 붙이고 별 장식도 붙입니다.

5 크리스마스 트리 장식에 8mm 집게핀을 글루건으로 붙이면 됩니다.

6 완성된 모습입니다.

PART2

Kids Interior

키 즈 인 테 리 어

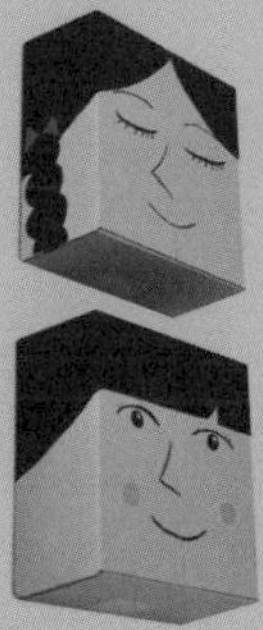

아이와 함께 하는 키즈 인테리어

꽃볼, 리스, 가드렌, 플레그, 워터볼, 모빌, 크리스마스 장식 등
아이와 엄마가 간단하게 만들어 활용하기 좋은 인테리어 소품

Spring • Summer • Fall • Winter

구름비

유럽의 어느 블로그에서 본 솜구름이 생각났어요.
솜뭉치와 선물 포장할 때 사용하는 스타핑으로 구름을 만들어 창가에 걸어두니
솔솔 불어오는 바람에 솜구름은 둥둥, 스타핑 비는 반짝반짝.

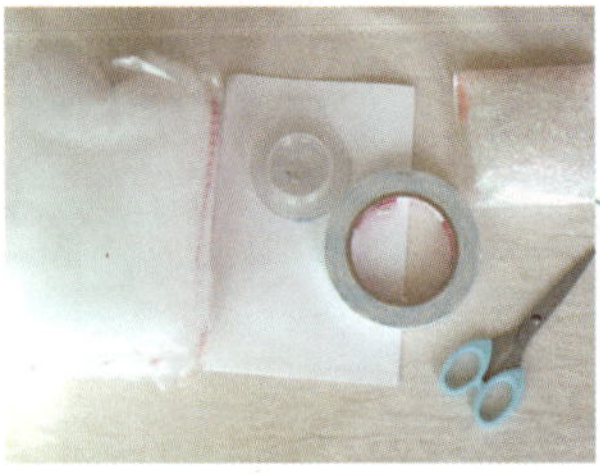

준비물

재료 : 솜, 오팔 스타핑, 흰 종이, 낚싯줄,
양면테이프, 투명테이프, 가위

※ 구름비의 오팔 스타핑은 다이소 선물 포장 코너에서 구입했습니다.

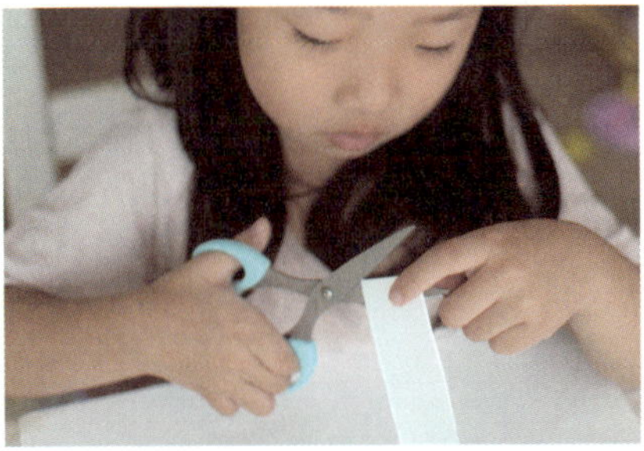

1 흰 종이를 가로 10cm 세로 4cm 2개, 가로 8cm 세로 4cm 3개로 자릅니다.

2 종이 가장자리 한쪽에 양면테이프를 붙입니다.

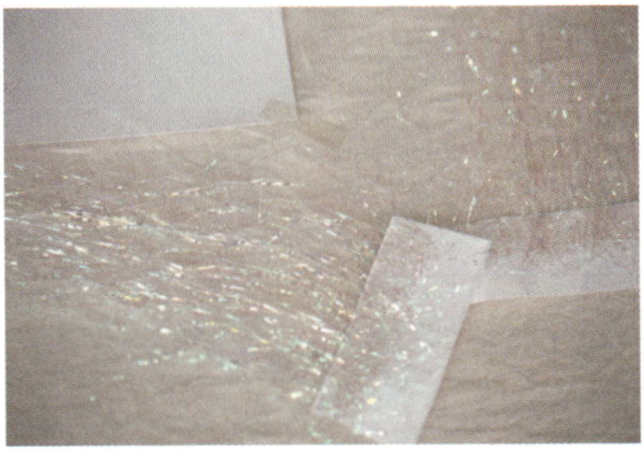

3 오팔 스타핑을 촘촘하게 붙입니다.

4 오팔 스타핑을 붙인 반대편에 낚싯줄을 투명 테이프로 단단히 고정합니다.

5 다시 양면테이프로 솜을 붙입니다.

6 나머지 한쪽에도 솜을 붙입니다. 근사한 구름비가 완성되었습니다.

꽃병

음료수병을 깨끗이 씻어 낚싯줄로 묶어 봄이 오는 창가에 달고 꽃을 꽂아 보세요.
유리병은 무겁고 위험하니 부담 없는 플라스틱병이 더 좋아요.

준비물

재료 : 플라스틱 음료수병, 낚싯줄, 가위, 조화

1 낚싯줄이나 끈으로 병 입구를 둘러서 꼭 묶습니다.

2 조화를 꽂아 천정에 붙이거나 창가에 걸어둡니다.

Kids interior Tip

창가나 천정에 달아도 보기 좋지만 창틀에 나란히 놓아두기만 해도 멋스러워요.

꽃볼

'살림의 여왕' 마샤 스튜어트의 꽃볼, 정말 유명하지요.
좀 서투르더라도 아이들과 꽃볼을 만들어보면 어떨까요?

준비물

재료 : 습자지(10~15장), 가위, 리본와이어, 연필

※ 습자지 10장~15장을 접어 한꺼번에 가위로 자르면 아무리 습자지지만 가위가 망가질 수도 있답니다. 꼭 나누어서 자르세요. 또 습자지는 아무래도 쉽게 잘 찢어져요. 하지만 찢어져도 크게 티가 나지 않으니 포기하지 말고 예쁘게 만들어보세요.

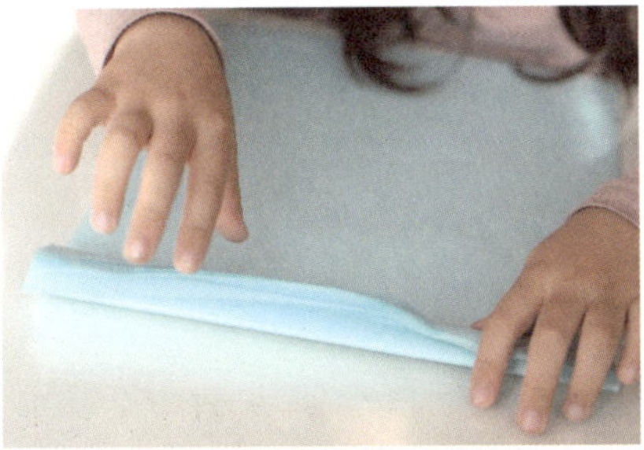

1 습자지 10~15장을 잘 쌓습니다.

2 3~4cm 정도의 간격으로 부채 접기를 합니다.

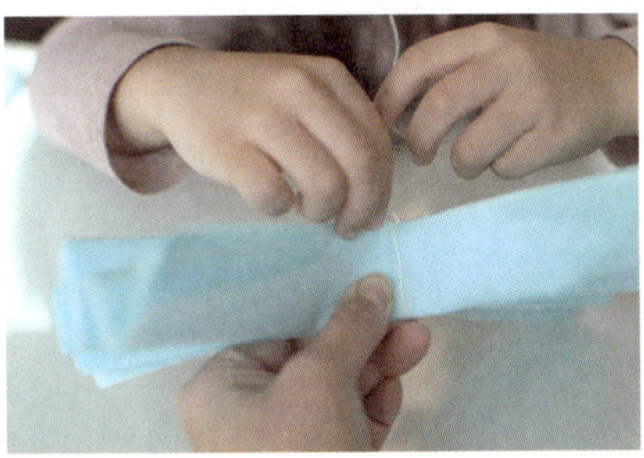

3 한 가운데를 리본와이어로 묶어 고정합니다.

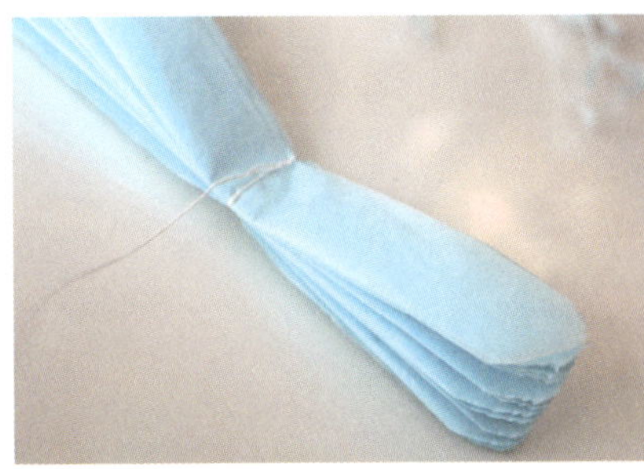

4 양끝을 동그랗게 연필로 그려 가위로 자릅니다. 한꺼번에 많은 양을 자르지 말고 나누어 자릅니다.

5 양쪽을 다 잘랐으면 한 장씩 폅니다.

6 볼륨있게 잘 펴면 됩니다.

메모 장식 리스

세탁소에서 하나 둘 받아 둔 옷걸이와 나무 집게로 메모 장식 리스를 만들어 보세요.
나뭇잎도 좋고, 레이스도 좋고, 편지나 요리 레시피, 가족 사진도 좋지요.
무한 변신이 가능한 소품입니다.

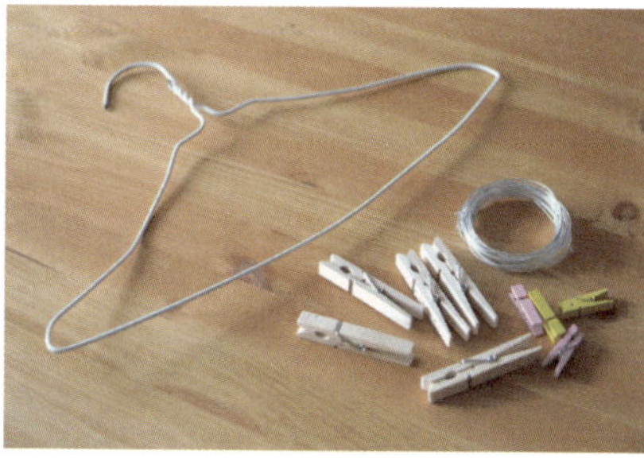

준비물

재료 : 옷걸이, 나무 집게, 낚싯줄

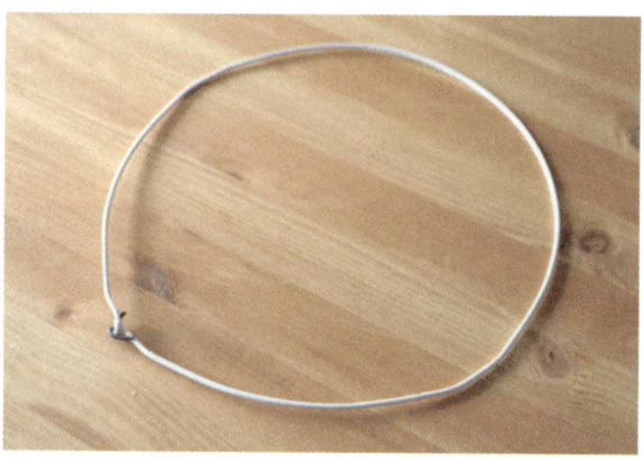

1 옷걸이의 고리 부분을 잘라내고 둥글게 만듭니다.

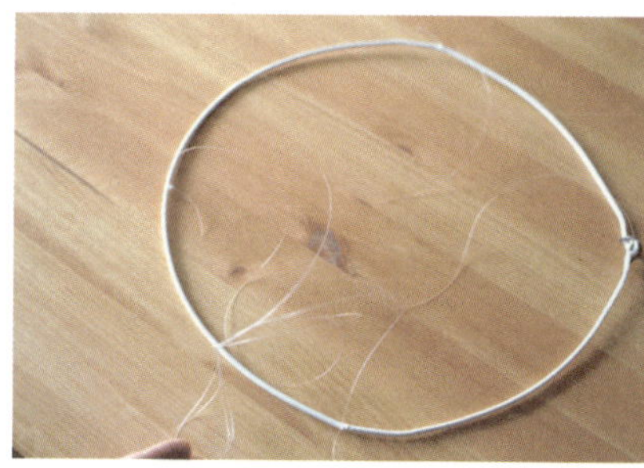

2 60cm 낚싯줄을 2줄 준비하고, 낚싯줄 한쪽 끝을 옷걸이 와이어에 묶고 다른 한쪽도 맞은편에 묶습니다. 다른 한줄도 같은 방법으로 묶습니다.

3 묶어둔 낚싯줄을 잘 모아 같이 묶어줍니다.

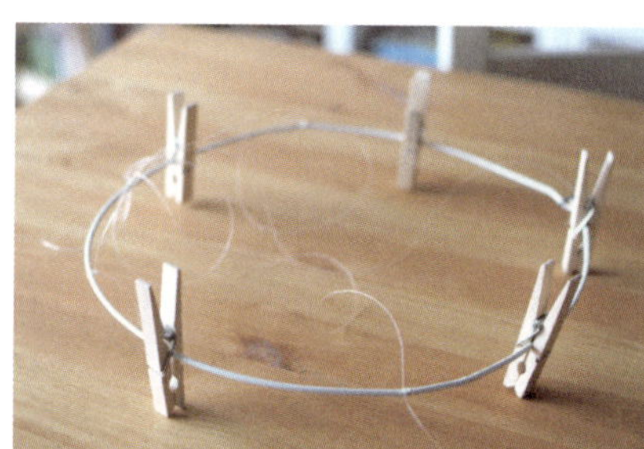

4 나무집게를 꽂으면 완성입니다.

동물 가드렌

플레이도우에 이리 찍어 내고 저리 찍어 냈던 동물 모양틀을 이용해서 알록달록 이쁜 색종이로 가드렌을 만들었어요. 알록달록 토끼, 오리, 나비… 실에 붙여 이어 아이들 방에 장식해 보세요. 그림만 붙여 놓은 벽에 가드렌을 붙였을 뿐인데 확실히 분위기가 달라졌어요.

준비물

재료 : 색종이, 동물모양틀, 가위, 투명테이프, 실

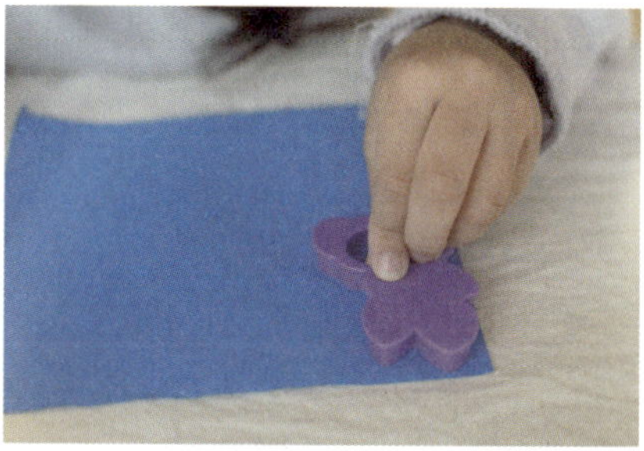

1 동물 모양 틀을 대고 똑같은 모양을 여러 개 그립니다.

2 동물 모양을 오립니다.

3 오려놓은 모양입니다.

4 오려 둔 색종이를 일정한 간격을 두고, 위에 실을 놓고, 투명테이프로 붙입니다.

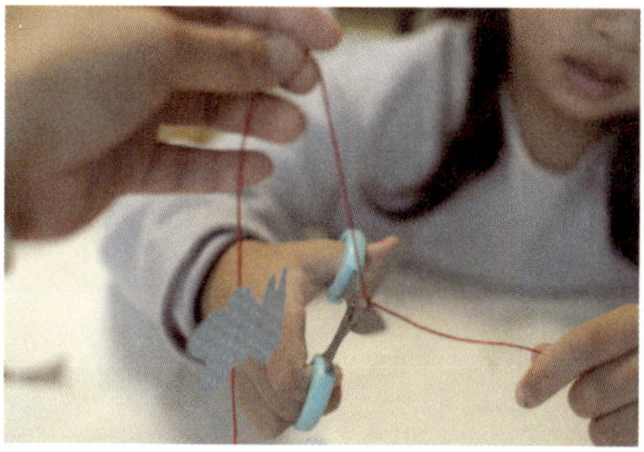

5 실을 자르면 완성입니다.

장난감 자석

아이가 좋아하는 장난감으로 자석보드나 냉장고에 붙일 수 있는 자석클립을 만들어 보았어요.
아이들 장난감 조각이 훌륭한 자석클립이 된답니다.
화이트 보드나 냉장고에 붙여 인테리어 해 보세요.

준비물

재료 : 고무자석(전단지에 붙어 있는 것), 양면테이프, 가위

1 전단지에 붙어 있는 고무자석을 떼어냅니다.

2 고무자석을 장난감에 맞게 자릅니다.

3 자른 고무자석을 양면테이프로 장난감에 붙입니다.

4 완성된 모습입니다.

테루테루 보우즈

테루테루 보우즈. 맑음이 인형이라고 불리는 일본 인형이에요.
창가에 걸어두면 날씨가 맑아진다는 속설 때문에 비가 내리면 걸어둔다고 하네요.
그리고 평상시에 창가에 매달아 귀여운 소품으로 활용해 보세요.

준비물

재료 : 흰색 원단, 끈, 솜, 네임펜, 볼터치, 실, 바늘

1 사방 30cm의 정사각형 원단 중심에 솜을 넣습니다.

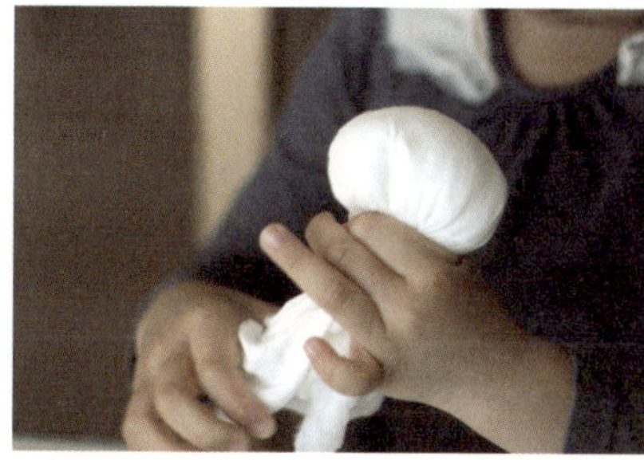

2 동그랗게 오무립니다.

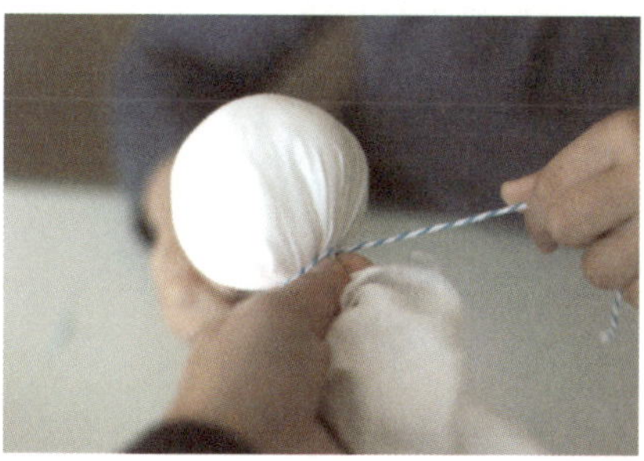

3 끈으로 묶어 줍니다.

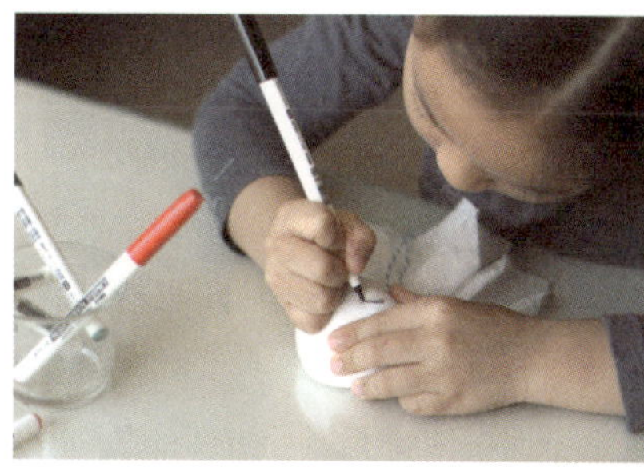

4 네임펜으로 표정을 그립니다.

5 볼터치 화장품으로 볼을 표현해 보세요.

6 머리 위쪽 부분에 바늘과 실을 연결하여 매달 수 있게 만들면 완성입니다.

폼폼이 가드렌

아이가 있는 집이라면 서랍 속에 폼폼이가 가득 들어 있을거예요.
쓰고 남은 폼폼이로 가드렌을 만들어 보세요. 다른 어떤 소품보다 사랑스럽답니다.
오랜 시간을 두어도 질리지 않는 소품입니다.

준비물

재료 : 폼폼이, 굵은 바늘, 굵은실

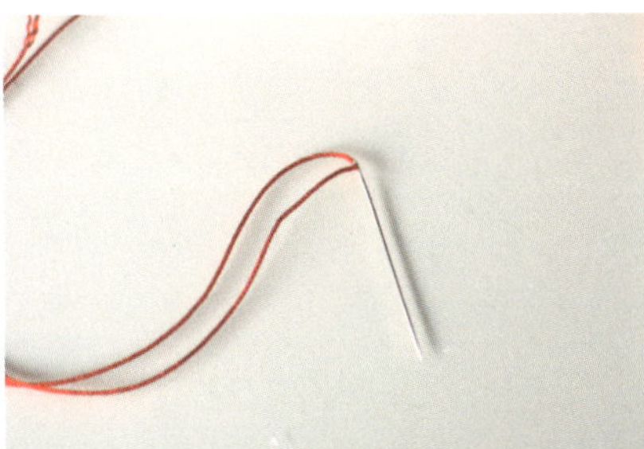

1 바늘과 실을 준비합니다.

2 폼폼이 하나를 실에 끼웁니다.

3 폼폼이 하나에 매듭을 하나씩 지어 위치를 정합니다.

4 원하는 길이만큼 연결합니다.

재미있는 얼굴 상자

웃는 얼굴, 미소 짓는 얼굴, 생각하는 얼굴, 우는 얼굴. 어떤 표정이든 좋아요.
가장 좋아하는 표정을 선택해서 상자 위에다 그려보세요.
가족 얼굴을 그려서 나란히 붙여도 좋고, 동물 얼굴이나 꽃을 그려 놓아도 예쁘지요.

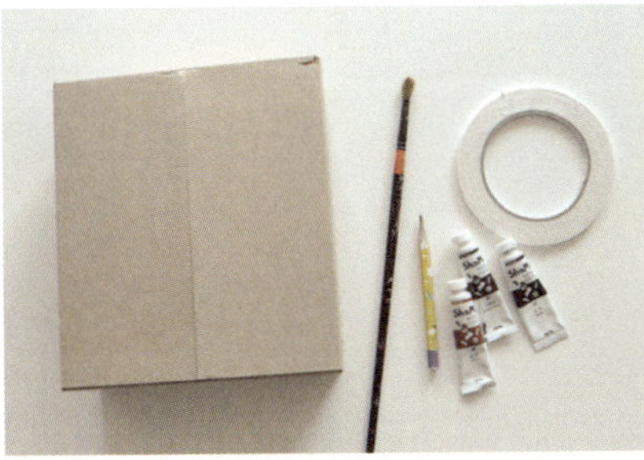

준비물

재료 : 크기가 같은 종이박스 2개, 물감, 붓, 연필, 양면테이프

1 박스 안쪽으로 양면테이프를 붙입니다.

2 상자 윗 부분에 얼굴 표정을 스케치합니다.

3 머리카락과 얼굴 표정만 색칠하고 그려줍니다.

4 완성된 모습입니다.

동물 장식 병뚜껑

동물 모형을 잼 병뚜껑에 붙이고, 아이가 제일 좋아하는 색으로 동물 모형과 뚜껑을 색칠하면 잼 병이 유니크한 장식 병으로 변신합니다. 크레용도, 사탕도, 구슬도, 머리핀도 모두 담아 선반 위에 올려 두면 훌륭한 인테리어 소품이 됩니다.

준비물

재료 : 빈 유리병, 동물 모형, 아크릴 물감, 붓, 글루건

1 동물 모형과 병뚜껑을 준비합니다.

2 동물 모형을 배치해봅니다.

3 뚜껑 위에 글루건으로 단단히 붙입니다.

4 아크릴 물감으로 동물 모형을 꼼꼼하게 칠합니다.

5 뚜껑까지 꼼꼼하게 두세 번 정도 칠해서 말리면 됩니다.

동물 집게

아이들은 매일 예쁜 그림을 그려냅니다.
동물 그림에 나무 집게를 붙여 다리를 만들어 보았어요.
동물농장 놀이를 할 수도 있고 선반 위에 올려 놓으면 아기자기한 인테리어 소품이 됩니다.
마음에 드는 그림이나 가족 사진을 오려서 나무집게로 집어 세워 두어도 좋아요.

준비물

재료 : 종이, 색연필, 가위, 나무집게 여러 개

1 동물 그림에서 다리만 빼고 그립니다.

2 동물 그림을 오린 후 나무집게로 동물의 다리를 표현합니다.

3 동물 여러 마리를 그려서 꾸며 보세요.

만국기 플래그

여러나라 국기를 그리고 나라 이름과 그 나라의 상징을 그려 넣었어요.
완성된 만국기들을 끈에 잘 연결해서 파티 플래그처럼 아이 침대 위나 책상 위에 장식해 보세요. 국기들이 알록달록 해서 아이들 방과 잘 어울립니다.

준비물

재료 : 도화지, 연필, 색연필, 가위, 실, 투명테이프

1 종이를 원하는 크기대로 자른 다음, 그리고 싶은 나라국기를 그리고 색칠합니다.

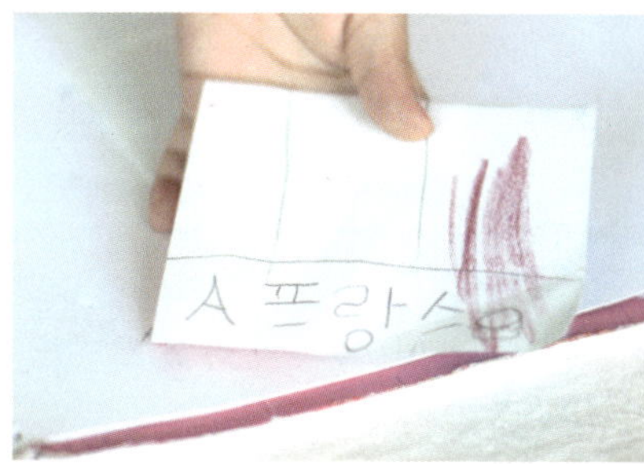

2 뒷면에는 나라 이름을 쓰고 그 나라의 상징물을 그리거나 씁니다.

3 국기의 뒤쪽 윗부분에 실을 늘어 뜨린 후, 투명 테이프로 붙입니다.

4 만국기가 완성된 모습입니다.

무지개

아이방에 커다란 무지개를 달아주고 싶었어요. 커다란 박스의 한 면을 오려 무지개를 그리고
빨강, 주황, 노랑, 초록, 파랑, 남색, 보라색 물감을 하나하나 칠했지요.
무지개와 함께 알록달록 예쁜 꿈을 꾸었으면 좋겠어요.

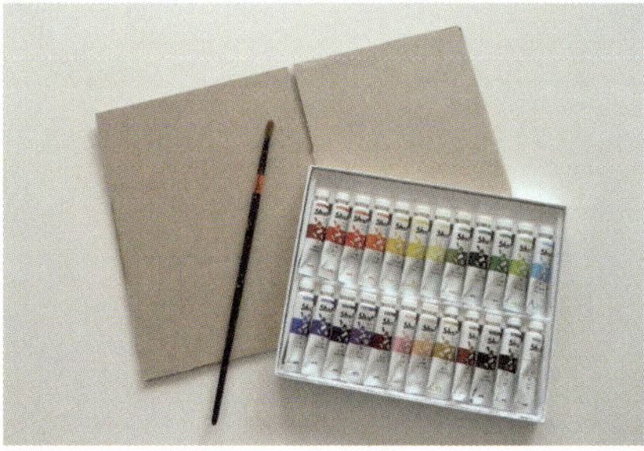

준비물

재료 : 큰 박스, 물감, 붓, 가위

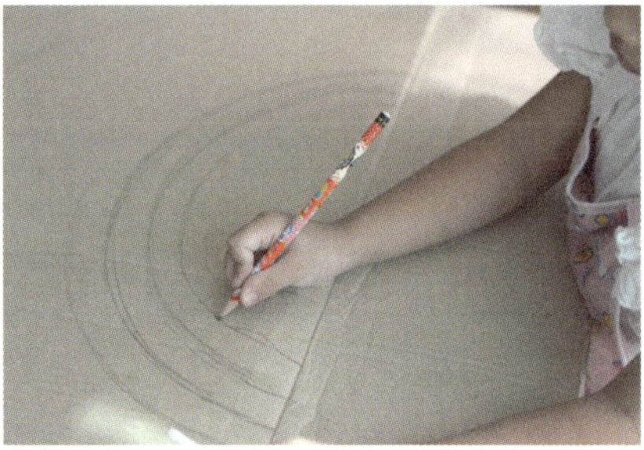

1 큰 박스의 한쪽 면을 잘라 무지개 밑그림을 그립니다.

2 7가지 색을 차례대로 색칠합니다.

3 색칠한 후 잘 말립니다.

4 무지개가 다 마르면 오려서 완성합니다.

무지개 물고기 어항

아이가 《무지개 물고기》라는 동화책을 읽고 물고기를 키우고 싶다고 졸라댔어요.
하지만 생명을 돌보는 게 얼마나 힘든 일인지 잘 알고 있었습니다.
그래서 어항을 만들게 되었어요. 아이방 한 쪽 벽에 붙여두니 멋진 인테리어 소품이 되었습니다.

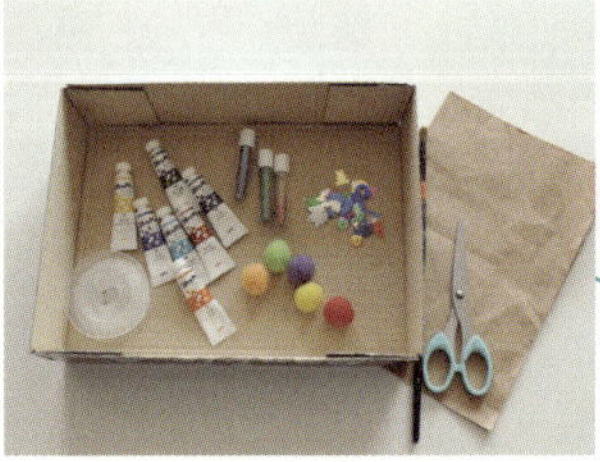

준비물

재료 : 상자, 물감, 붓, 스팽글, 폼폼이, 반짝이풀, 낚싯줄, 송곳, 가위, 연필, 풀, 에어캡

1 두께감이 있는 상자를 준비합니다.

2 종이상자 뚜껑이었던 박스에다 바다동물 밑그림을 그립니다.

3 바다동물을 오려 낸 후 물감으로 칠합니다.

4 종이상자 안을 파란색으로 칠합니다.

5 바탕색이 다 마르면 스팽글로 꾸밉니다.

6 반짝이 풀로도 꾸밉니다.

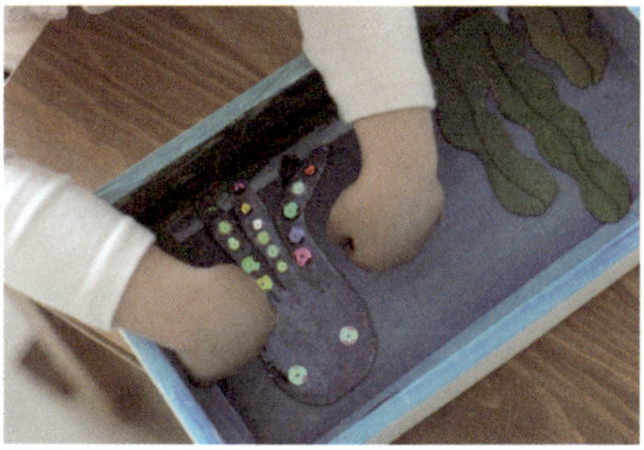

7 해초와 문어를 풀로 붙입니다.

8 에어캡으로 바닥을 깔고, 조개와 불가사리와 폼폼이로 꾸밉니다.

9 물고기에 낚싯줄을 연결합니다.

10 종이상자의 윗부분에 송곳으로 구멍을 내어 물고기의 낚싯줄을 연결해 매답니다.

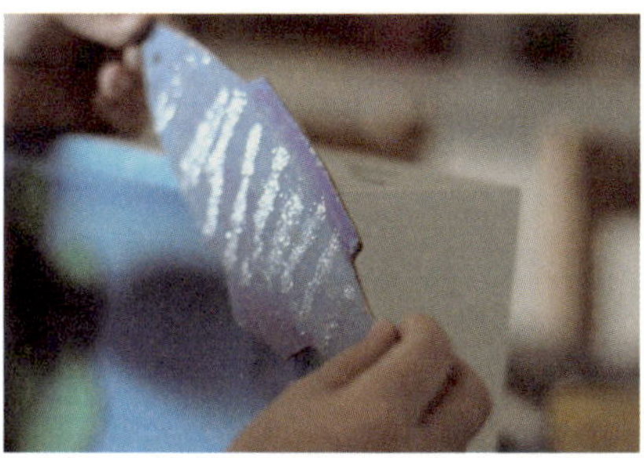

11 어항 바깥쪽에도 물고기를 붙여 꾸밉니다.

12 귀여운 어항이 완성되었습니다.

비닐 봉투 바다 동물

뜨거운 여름날, 시원한 바다에 가고 싶을 때, 바다 동물들로 공간을 장식해 보세요.
비닐 봉투의 투명함과 바스락 소리의 시원한 느낌이 여름 인테리어에 잘 어울립니다.
아이의 책상 옆, 침대 옆에도 장식하니 여름 느낌이 납니다.

준비물

재료 : 비닐 봉투, 색종이, 펄 스타핑, 네임펜, 눈알,
낚싯줄, 빵 끈, 리본, 핑킹가위, 폼폼이

The Happy
I Love You As Much

1 색종이를 핑킹 가위로 잘라 해파리를 만듭니다.

2 투명한 비닐 봉투 안에 자른 색종이와 펄 스타핑을 넣으세요.

3 리본 40~50cm로 4~6가닥을 자른 후 리본 가닥을 묶어 비닐봉지 안쪽에 붙입니다.

4 빵 끈으로 묶습니다.

5 눈알을 붙이면, 해파리 완성입니다.

6 사진과 같이 비닐 봉투를 마름모꼴로 놓고, 눈을 붙이고, 네임펜으로 지느러미를 그리면 열대어가 됩니다.

7 펄 스타핑과 폼폼이를 넣으세요.

8 주둥이 부분의 맞은편 모서리를 사진과 같이 잡습니다.

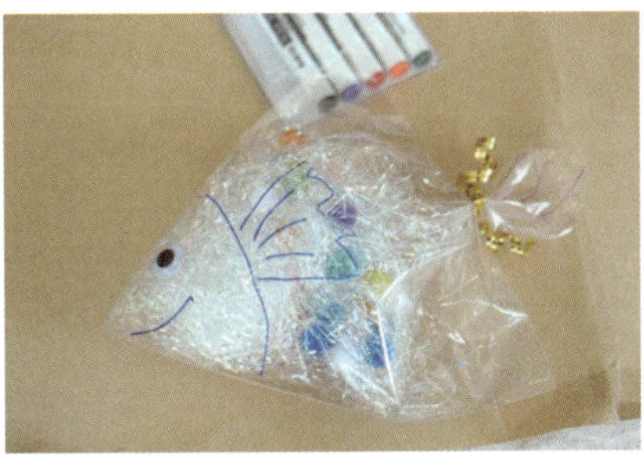

9 빵 끈으로 묶으면 완성입니다.

Kids interior Tip

더운 여름 아이들 방에 비닐 봉투 바다 동물을 장식해 보세요.
바닷속 같은 시원함을 느낄 수 있답니다.

반짝반짝 워터볼

아이가 좋아하는 캐릭터 피규어와 반짝이 가루로 워터볼을 만들 수 있어요.
워터볼은 좋은 놀이감이기도 하지만, 예쁜 장식품이기도 해요.
누구나 좋아하는 워터볼을 직접 만들어 보세요.

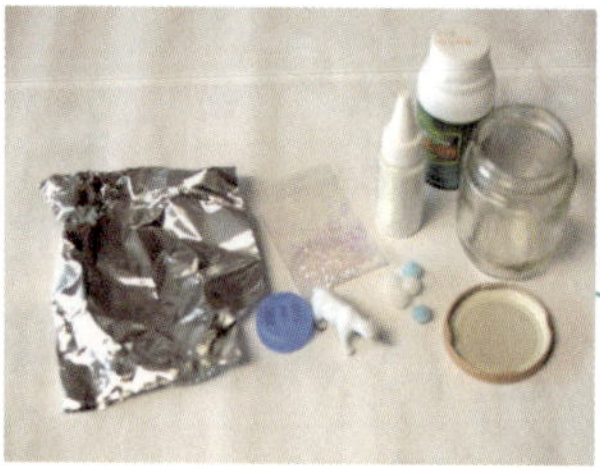

준비물

재료 : 빈병, 반짝이 가루, 글리세린, 폼폼이, 북극곰 피규어, 포일, 글루건, 물, 플라스틱 병뚜껑.

1 플라스틱 병뚜껑을 포일로 감싸줍니다.

2 플라스틱 병뚜껑에 북극곰 피규어를 글루건으로 붙인 다음, 병뚜껑에 붙입니다.

3 병에 반짝이 가루, 폼폼이 등을 넣고, 물을 붓습니다.

4 글리세린을 한두 방울 떨어뜨립니다. 글리세린은 약국에서 살 수 있는데 반짝이가 천천히 떨어지는 효과가 있어요.

5 완성된 모습입니다.

새 모빌

부채 접기를 이용해서 간단하게 새 모빌을 만들었어요. 새 모빌을 공중에 매달아 놓으니 정말 하늘을 향해 날아 가는 한 마리 새처럼 보이네요. 아이 침대 위에 달아 놓으면 심심하지 않겠지요. 빈 공간의 허전함을 간단하게 만들 수 있는 새 모빌로 채워보세요.

준비물

재료 : 마분지, 색지, 가위, 실

1 새 모양 틀을 대고 여러 마리 새를 그립니다.

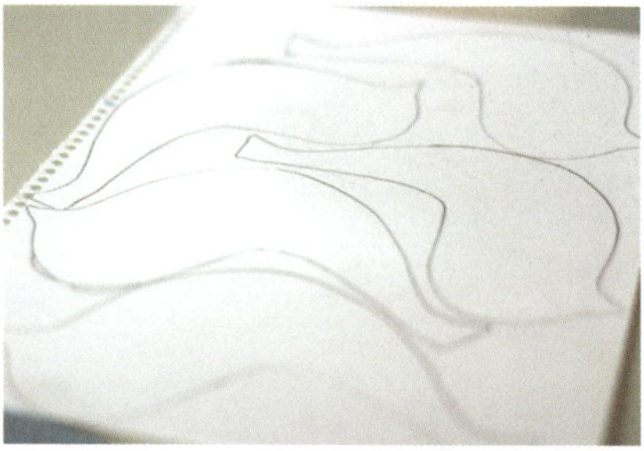

2 여러 마리 새를 그린 모습입니다.

3 새 모양을 잘 오려 냅니다.

4 오려낸 새 모양의 중심부에 날개가 들어갈 부분을 칼로 오려냅니다.

5 색지(16절)를 세로로 길게 반을 잘라 부채접기를 합니다.

6 부채접기를 한 모습입니다.

7 부채접기를 새의 날개부분 오려낸 자리에 끼웁니다.

8 완성된 모습입니다.

Kids interior Tip

부채 가드렌

어울리는 2가지 색으로
부채를 접어 붙여
요요모양으로 만들어 실로
연결 해서 허전한 벽면에
장식해 보세요. 무늬있는
색지로 크기를 다르게 만들어
장식하면 더욱 멋진 장식
가드렌이 되지요.

1 반으로 접어 절반 부분을 리본 와이어로 고정합니다.

2 양쪽 끝에 동그란 모양으로 만들어 붙입니다.

3 실과 바늘로 윗부분을 꿰면, 완성입니다.

레이스 볼

아이와 그릇을 만들어보기로 했어요. 지점토를 사용하면 쉽게 만들 수 있고 가벼워서 사용하기도 편하지요.
레이스 조각을 눌러 자국을 내니 더 근사한 그릇이 되었어요.
헤어핀, 목걸이, 반지, 구슬 등 작은 물건을 담아 두는 인테리어 소품으로 활용해 보세요.

준비물

재료 : 지점토, 레이스, 밀대, 그릇, 가위

1 지점토를 반죽하여 얇게 펴 레이스를 놓고 밀대로 밉니다.

2 모양을 찍어 냅니다.

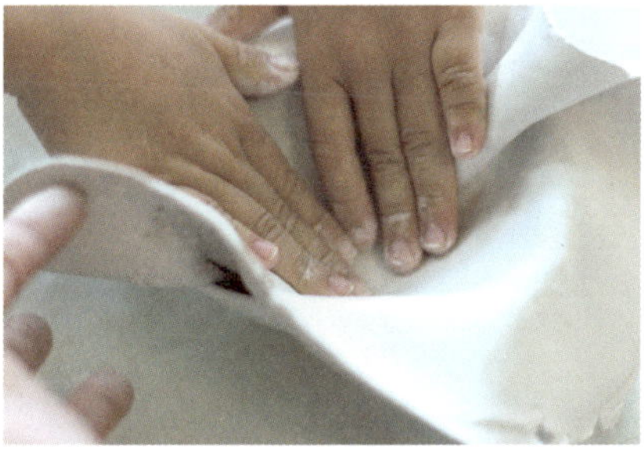

3 레이스 모양이 찍힌 지점토를 그릇에 놓고 붙입니다.

4 가장자리를 정리합니다.

5 그릇 틀에 놓고 하루 정도 말립니다.

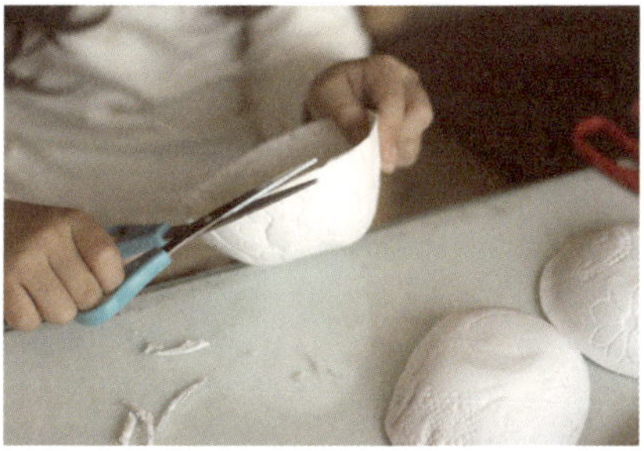

6 그릇에서 지점토를 떼 내고 가위로 가장자리의 지저분한 부분을 잘라 정리하면 됩니다.

나뭇가지 모빌

햇살 좋은 가을날 산책하며 빨간 열매와 솔방울, 나뭇잎, 나뭇가지를 주워 왔어요.
뭘 만들지 고민하다가 그냥 이대로도 너무 예뻐서 나뭇가지에 실로 매달아 모빌을 만들었어요.
빈 벽 한 곳에 걸어 보세요. 가을의 정취가 그대로 느껴집니다.

준비물

재료 : 나뭇가지, 나뭇잎, 작은 열매, 실, 가위

1 나뭇잎을 실로 묶습니다.

2 솔방울과 열매도 실로 묶습니다.

3 나뭇가지에 실로 묶은 열매와 나뭇잎을 걸고 고정시킵니다.

베이비 레그 인형

베이비 레그를 이용해서 인형을 만들어보았어요.
베이비 레그 인형은 만들기도 쉽고 촉감도 너무 포근해요.
세상에 하나뿐인 아이만의 인형을 만들어 보세요. 타이즈로도 만들 수 있어요.

준비물

재료 : 베이비 레그 (한쌍) 또는 타이즈, 자수실

도구 : 실, 바늘

1 베이비 레그를 뒤집어서 한쪽 5분의 2 지점을 표시합니다. 왼쪽 첫 번째처럼 나머지 5분의 3을 이미지와 같이 반으로 자릅니다. (인형의 몸통과 다리) 나머지 한쪽의 5분의 2를 자르고, 나머지 5분의 3은 이미지 중간의 제품과 같이 반 자릅니다. (인형의 머리와 팔)

2 밑 그림을 따라 바느질을 하고 뒤집어줍니다.

3 원하는 동물의 얼굴을 그리고, 자수 실로 수놓아서 눈·코·입을 표현합니다.

4 다리 몸통 부분과 머리에 솜을 넣고, 머리와 몸을 연결합니다.

5 팔 부분에 솜을 넣고 몸통에 연결합니다.

6 완성된 모습입니다.

코르크 갤러리

아이들 그림만큼이나 훌륭한 인테리어 소품은 없는 것 같아요.
이쪽 벽 저쪽 벽 할 것 없이 붙여두지 말고 갤러리를 만들어 보는 건 어떨까요?
현관벽도 좋고, 복도 벽도 좋고, 허전한 벽 어디라면 코르크판 하나로 갤러리를 만들어 보세요.

준비물

재료 : 코르크판(4절), 커트 칼, 양면테이프

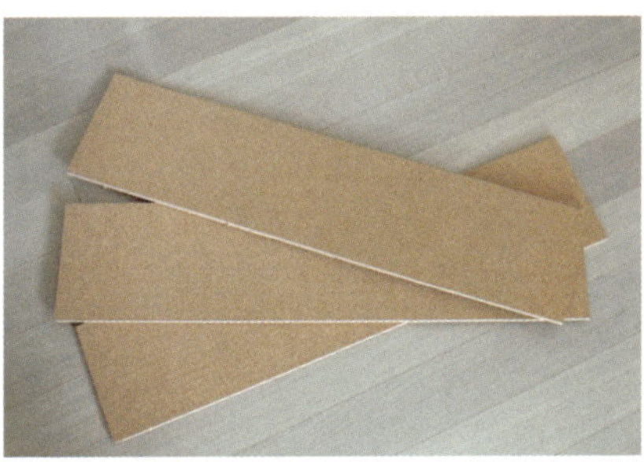

1 코르크판을 3등분 해 자릅니다.

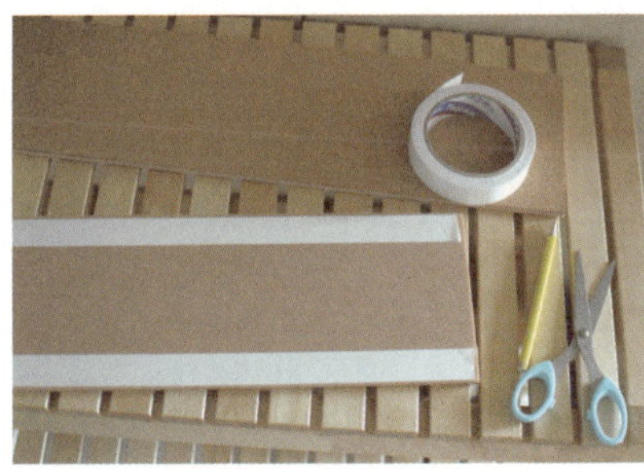

2 뒷면에 양면테이프를 붙입니다.

3 꾸미고 싶은 벽면에 나란히 붙입니다.

3 아이들의 작품을 압정으로 고정해 갤러리를 만듭니다.

캔들 홀더

반짝반짝 스팽글을 이용한 캔들 홀더. 캔들 홀더는 초를 담아
불을 밝히기도 하고 장식 소품으로 활용할 수 있지요.

준비물

재료 : 스팽글, 양면테이프, 빈병

1 빈병에 양면테이프를 이용해 스팽글을 붙입니다.

2 초를 넣으면 귀여운 캔들 홀더 완성입니다.

Kids interior Tip

빈 병에 네임펜으로 아이들이 직접 그림을 그려도 예쁘답니다.
양초가 아이들이 사용하기에 위험하다면 양초 모양의
LED등을 넣어 주세요.

컬러풀 파스타발

오래되어 버리게 된 파스타가 있다면 아이랑 놀면서 파스타발을 만들어 볼까요?
알록달록 모양도 이쁜 파스타발을 창가나 빈 벽에 걸어 두면 방 분위기가 경쾌해진답니다.

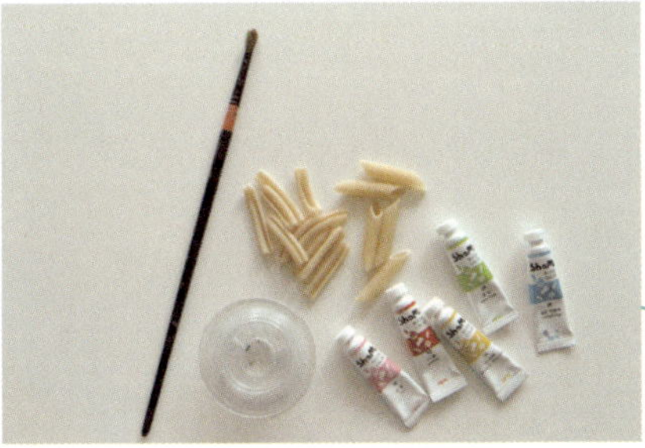

준비물

재료 : 다양한 모양의 파스타, 물감, 붓, 실,
나뭇가지 또는 긴 막대

1 물감에 준비한 파스타를 넣고 같이 섞습니다..

2 물감을 갤 때 물의 양은 소량만 넣습니다.

3 물감을 바른 파스타를 그늘에서 잘 말립니다.

4 색깔 파스타를 실로 이어서 여러 줄을 만들고, 나뭇가지나 긴 막대에 묶어 발로 만들면 완성됩니다.

빗방울 장식

지점토로 빗방울 모양 소품을 만들어 볼까요?
하얀 지점토를 얇게 펴서 빗방울 모양 틀을 꾹꾹 찍어 실로 묶으면 완성.
아이들 방에는 알록달록 무지개색 빗방울을,
거실이나 안방에는 흰색 빗방울 그대로 걸어두면 훌륭한 오브제가 되지요.

준비물

재료 : 지점토, 마분지, 투명테이프, 빨대, 밀대

※ 빗방울이 아닌 하트, 별, 삼각형, 사각형 등 다른 모양으로 응용해 보세요.

1 마분지를 말아서 윗부분에 투명테이프를 붙여 고정하여 빗방울 모양 틀을 만듭니다.

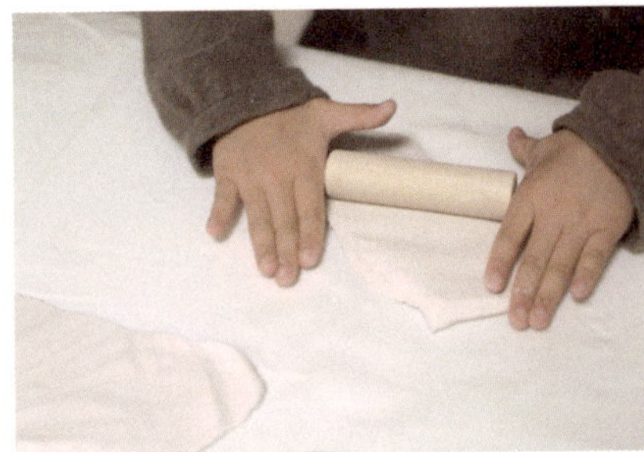

2 지점토를 반죽하여 밀대로 밉니다.

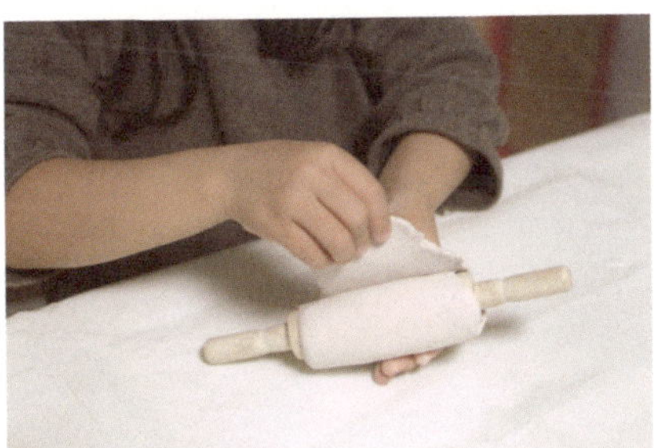

3 잘 밀어 얇게 펴 줍니다.

4 얇게 편 지점토에 모양 틀로 빗방울 모양을 찍어냅니다.

5 빨대로 빗방울 윗 부분을 뚫어줍니다.

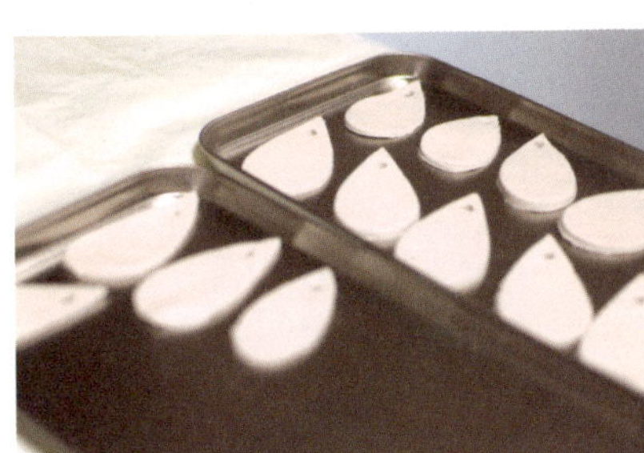

6 하루 정도 잘 말리면 완성입니다.

야광별 모빌

아이들은 야광을 참 좋아해요. 자려고 침대에 누웠을 때, 야광 스티커 하나를 발견하면 보물이라도 찾은 것처럼 기뻐하지요. 불을 끄고 자기 싫어하는 아이들을 위한 야광별 모빌을 만들었어요. 모빌 스타일이라 낮에도 예쁜 인테리어 소품으로 활용할 수 있습니다.

준비물

재료 : 다이소 야광별(큰 사이즈 1개, 중간 사이즈 8개, 작은 사이즈 8개), 투명반구(지름 15cm), 낚싯줄, 양면테이프, 송곳, 가위.

1 낚싯줄 75cm 1줄, 30cm 8줄을 잘라 준비합니다. 75cm 줄에는 큰 별을 묶어서 달아주고, 30cm 줄에는 중간별 8개를 각각 묶어 달아줍니다.

2 투명반구 가장 자리에 8개의 구멍을 뚫고, 반구 중심에도 구멍을 뚫습니다.

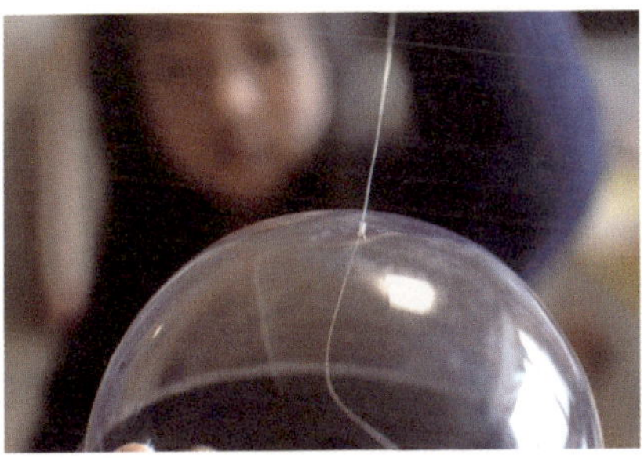

3 75cm줄에서 별로부터 35cm 떨어진 곳에 매듭을 3~4번 정도 묶어 준 후 투명 반구 중심에 끼웁니다.

4 중간 별들은 투명 반구 가장자리에 뚫어 놓은 구멍에 길이를 서로 다르게 묶어줍니다.

5 작은 별의 뒷면에 양면테이프를 붙이고, 투명반구 위쪽에 붙입니다.

6 완성된 모습입니다.

나뭇가지 별장식

크리스마스가 다가오면 뭔가 집안 분위기를 바꾸고 싶은 마음이 들지요. 간단한 재료들로 손쉽게 크리스마스 장식을 만들어 보세요. 나뭇가지를 하얗게 색칠하고, 별 스팽글과 금방울을 빨간 실에 묶어 걸기만 하면 반짝반짝 빛나는 크리스마스 소품이 됩니다.

준비물

재료 : 나뭇가지(3~4개), 흰색물감, 붓, 별 스팽글,
빨간색 나일론실, 소금 또는 흰색 모래, 유리컵

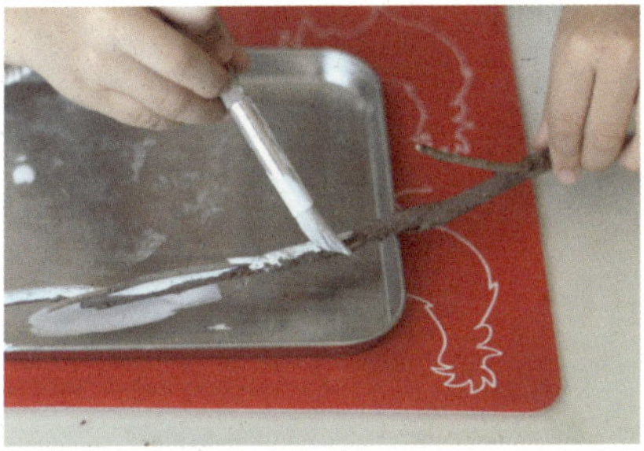

1 나뭇가지 두 세개를 흰색 물감으로 칠합니다.

2 나일론실에 별 스팽글을 끼웁니다.

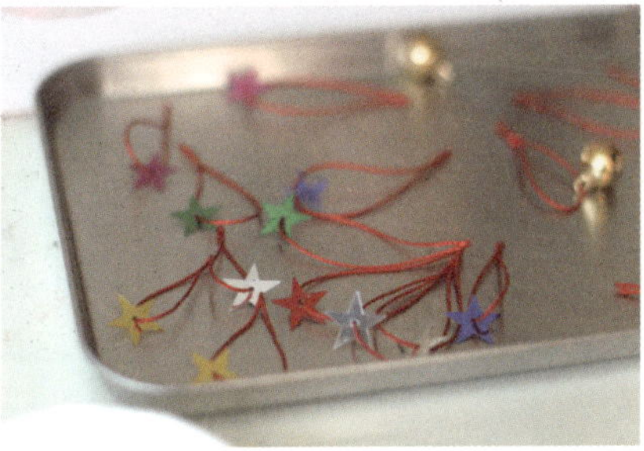

3 나일론사 끝을 라이터로 살짝 녹여 붙여서 매듭짓습니다.(일반 면사는 손으로 매듭 지으면 됩니다.)

4 흰색 모래나 소금을 컵에 반 이상 채웁니다.

5 나뭇가지를 자연스럽게 꽂습니다.

6 원하는대로 스팽글을 걸면 완성입니다.

모루 크리스마스 장식

모루를 크리스마스 트리 모양으로 만들고 와인 코르크 마개를 이용해서 장식해보세요.
책상 위, 선반 위에 장식품으로 활용하면 반짝반짝 사랑스러운 소품이 됩니다.
고맙다고, 미안하다고, 그리고 사랑한다고 메시지도 전해보세요.

준비물

재료 : 반짝이 모루, 코르크 마개, 메모지, 압정

1 반짝이 모루로 원하는 모양을 만듭니다.

2 다른 컬러로 장식도 해 봅니다.

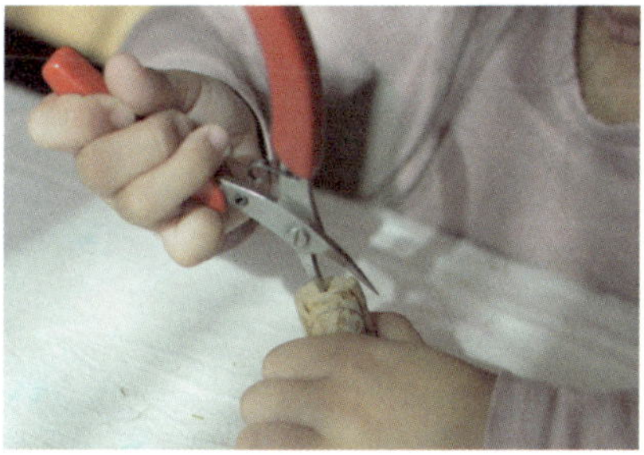

3 코르크 마개 중심에 구멍을 냅니다.

4 구멍에 모루를 끼웁니다.

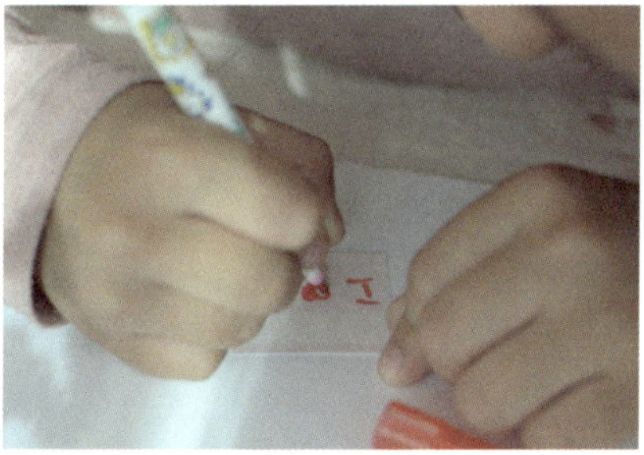

5 전하고 싶은 메시지를 적어봅니다.

6 메모지를 코르크 마개에 압정으로 붙입니다.

눈 결정 장식

예쁜 눈 결정을 만들어 여기저기 붙여두면 겨울 분위기 물씬 풍기는 최고의 인테리어 장식이 됩니다. 유리창에, 냉장고에, 현관에 집안 곳곳을 장식해 보세요. 리스 모양으로 만들어 침대 헤드도 장식해보고, 선물상자에도 붙이고 다양하게 활용할 수 있어요.

준비물

재료 : 습자지, 가위, 연필

1 정사각형 습자지를 2번 세모접기를 합니다.

2 3등분 접기를 합니다.

3 튀어 나온 부분을 가위로 자릅니다.

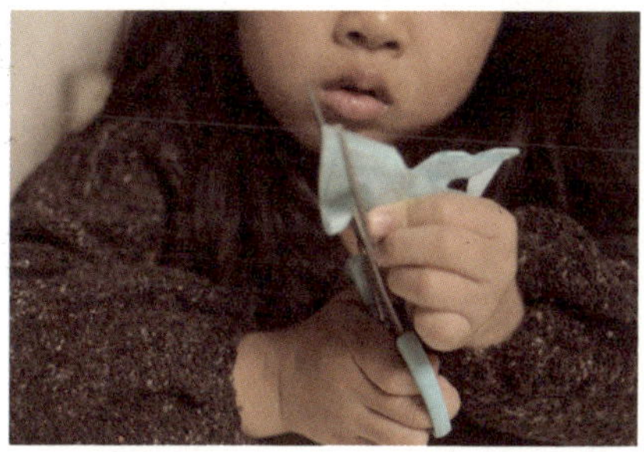

4 오려 낼 부분을 연필로 그린 후 가위로 오려내고 펼치면 완성입니다.

Kids interior Tip

여러 가지 눈 결정체 모양

위 3번 과정에서 아래 모양을 참고해 자르면 다양한 모양을 만들 수 있어요.

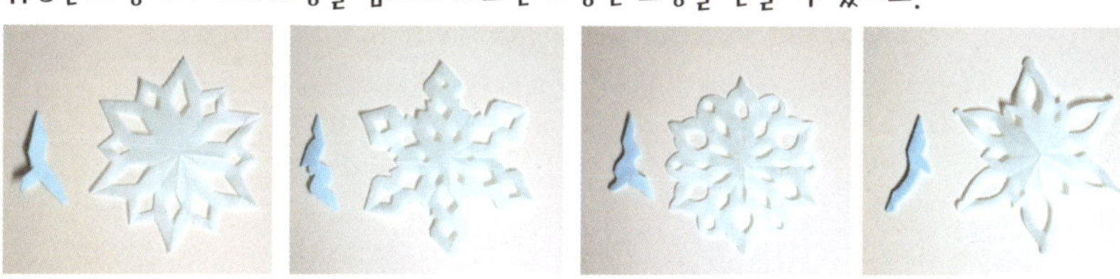

눈사람이 있는 풍경

함박눈이 내리면 실컷 놀고 나서 눈사람을 집안으로 데리고 오고 싶어 했던 추억 있으세요?
딸아이도 어린 시절의 저처럼 눈사람을 데리고 오고 싶어합니다.
그래서 새하얀 지점토로 눈사람을 만들어보았어요. 겨울 인테리어 소품으로 잘 어울립니다.

준비물

재료 : 지점토, 밑판, 작은 나뭇가지와 열매들, 솔방울,
흰색물감, 붓

※ 소품 하나만 두지 말고 아이와 만든 여러 종류의 겨울 소품을 한 곳에 모아 두면 계절감 있는 인테리어 장식이 됩니다.

1 지점토로 눈사람을 만들고 눈, 코, 입, 팔 등을 장식합니다.

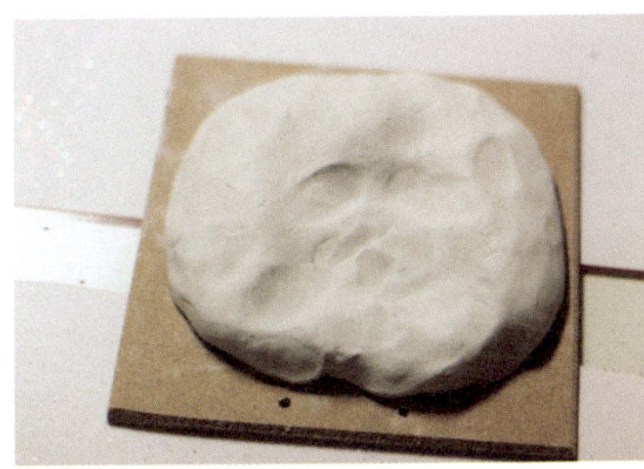

2 장식판 밑에 지점토를 펼쳐 붙입니다.

3 나뭇가지와 열매들, 솔방울을 이용하여 취향대로 꾸밉니다.

4 귀여운 겨울 인테리어 소품이 완성되었습니다.

솔방울 미니 트리

아이들과 숲길을 산책할 때 주워온 솔방울이 좋은 인테리어 재료가 됩니다.
솔방울에 반짝이 가루를 뿌려서 크리스마스 트리를 만들어
책상 위에 놓아만 두어도 성탄 분위기를 낼 수 있답니다.

준비물

재료 : 솔방울(작은 것 1개, 큰 것 1개),흰색물감, 오팔 반짝이 가루,
아크릴 진주(여러 개), 별장식, 글루건, 장식밑판

12

1 솔방울 끝쪽에 흰색물감을 칠합니다.

2 물감이 마르기 전에 오팔 펄가루를 뿌려 잘 말립니다.

3 물감이 마르면서 펄가루도 밀착이 됩니다.

4 장식 밑판에 글루건으로 큰 솔방울을 붙입니다.

5 큰 솔방울의 윗부분을 정리하고 글루건으로 작은 솔방울을 붙입니다.

6 작은 솔방울까지 붙인 모습입니다.

1 솔방울 끝쪽에 글루건이나 목공본드로 진주를 붙입니다.

2 트리 위 쪽에 별 장식을 붙이면 완성입니다.

Kids interior Tip

솔방울 트리를 만들고 싶어서 소나무 밑을 샅샅이 찾아 봐도
큼직한 솔방울은 구하기가 힘들더라고요. 그렇다고
포기하지 마세요.
대형문구사에서 만들기 재료로 쉽게 구할 수 있어요.
반짝이 가루 대신 작은 폼폼이를 붙여도 되고 예쁜 구슬이나
반짝이 모루를 짧게 잘라 붙여도 예쁘답니다.

크래프트 크리스마스 카드

크래프트 종이를 이용하면 내추럴한 인테리어 소품을 만들 수 있어요.
크래프트 종이에 펄 가루로 크리스마스 아이콘을 그려 메시지도 전해 보세요.
허전한 벽에 장식하면 크리스마스 분위기가 납니다.

준비물

재료 : 크래프트지, 목공풀, 반짝이 가루

1 A4 사이즈 크래프트지를 반으로 접습니다.

2 한쪽 면에 목공풀로 그림을 그립니다.

3 목공풀 그림 위에 펄가루를 뿌립니다.

4 펄가루를 털어 내면 완성입니다.

재료와 구입처

이 책에서는 특이한 재료나, 구하기 힘든 재료들, 비싼 재료들은 사용하지 않았어요. 주변의 자연에서 구하기도 하고, 아이들 미술재료나 다이소에서 구입해 부담없이 사용했어요. 들로 산으로 소풍갔을 때 주워온 나뭇잎과 나뭇가지를 사용하거나 대형문구점에서 만들기 패키지로 판매하는 것을 이용하면 됩니다.

■ 미술재료

문구이야기
www.mgstory.co.kr

스쿨디포
www.schooldepot.co.kr

문구나라
www.moongunara.com

다이소몰
www.daiso.co.kr

아이들 미술재료는 대형문구사에서 쉽게 구입 할 수 있는데, 대형문구점이 가까이 없다면 인터넷 문구 쇼핑몰을 이용하면 편리해요. 소품 만들기에서 쓰인 스타핑이라든가 야광별 등은 다이소에서 구매했어요. 아이와 같이 대형 문구점을 직접 방문하여 골라 보는 것도 좋아요.

■ 액세서리

더펀즈 www.thefunz.co.kr
아이들이 좋아할 디자인의 비즈, 장식 참, 만들기패키지까지 다양한 재료를 판매하고 있습니다. 시즌에 따라 상품이 꾸준히 업데이트가 되어서 구경만으로 기분이 좋아지는 곳이에요. 디자인이 앙증맞고, 세련된 자재가 많아서 그냥 매치해도 기성품같이 예쁜 액세서리가 되는 보물창고 같은 곳입니다.

■ 원단

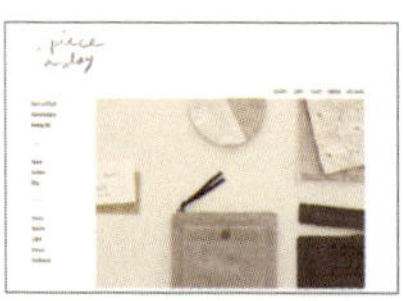

어피어스 데이 www.apieceaday.co.kr
바느질하는 분이 많아지면서 패브릭쇼핑몰이 많이 생겨났습니다. 그중 주인장의 감각이 고스란이 담겨 있는 쇼핑몰을 찾아냈어요.
어피어스데이에서 구매한 패브릭과 소품들은 어떻게 매치하더라도 잘 어울려요.
주인장이 직접 디자인한 KIT제품도 판매 하고있습니다.

■ 장소 협찬

BPLUSM www.bplusm.co.kr
서교동에 위치한 쇼룸에서 만난 아름답고 여리여리한 분이 BPLUSM의 디자이너이자 주인장이어서 놀랐습니다. 주인장의 아름다움만큼이나 아름다운 가구들이 가득한 곳. 친환경적 감성적 디자인 제품을 추구하는 BPLUSM입니다.